平凡社新書
883

風土記から見る
日本列島の古代史

瀧音能之
TAKIOTO YOSHIYUKI

HEIBONSHA

風土記から見る日本列島の古代史●目次

はじめに

八世紀のはじめに国ごとに作成されたものが『風土記《ふどき》』である。『古事記』や『日本書紀』とほぼ同時期に編纂され、内容的にみてもその国の地誌はもとより、歴史・風俗・信仰などさまざまなことが記載された大変、興味にあふれた書物である。しかしながら、『古事記』・『日本書紀』に比べると、知名度や親しみ具合などの点で正直なところ遠く及ばない。

その理由は、はっきりとはわからないが、歴史好きの人たちからは、方角や距離などが記されているからか地理や文学の分野の書籍のように思われ、かたや、地理や文学の方からは歴史の本のように思われ、結局のところ、『風土記』はどの分野からも正面からあつかってもらえないというのが実状ではなかろうか。

けれども、現在、残されているどの『風土記』でもいったん開くと、そこには古代に生きた列島地域の人びとの思考や生活がさまざまに展開されていて、読む人をあきさせることはない。近年にいたって、ようやくさまざまな分野からの研究の蓄積もふまえ、研究書だけでなく一般書も出されるようになってきている。こうしたことは大変うれしいことであり、この傾向が定着し、さらに活発化していってほしいと思う。

しかし、それらの研究をみると、多くは国別に種々のテーマを設定してのべたものがほとんどのようにみうけられる。この点に少なからず、もの足りなさを感じざるを得ない。もちろん、国別にのべることには、それなりの意味があり、ひとつの重要な視点でもあると思う。しかしながら、それと同時に、諸国の『風土記』を、『風土記』というひとつの作品としてとらえ、そこからさまざまなテーマを考えるという視点もあってよいように思われる。

そうすることによって、今まで常陸・出雲・播磨・肥前・豊後などといったように国別にみていたものとは、また一味異なる古代の日本列島の各地域の世界がみえてくるのではなかろうか。

こうしたことをふまえて、本書はできる限り意図的に、『風土記』をひとつの作品としてとらえる視点に立ち、そこから古代の地域に生活していた人びとの実像に少しでも迫りたいと思う。

この意匠が成功しているかどうかは、自分自身、正直なところ心もとない気もしているが、こうした視点から列島地域の古代史をみつめようとしたものは、管見の限りほとんどないようにみうけられる。その意味で、『風土記』を用いた古代史探求の新しい糸口になればとも思っている。意のあるところをいく分でも感じていただき、それと同時に少しでも『風土記』の魅力ある世界に浸っていただければと思う。

二〇一八年四月四日

瀧音能之しるす

第一章　『風土記』のあらまし

『古事記』・『日本書紀』との違い

『風土記』は、国ごとに成立の時期を異にしているが、おおよそ八世紀前半にまとめられたといえる。そして、この時期には、『古事記』や『日本書紀』の完成もみることができる。『古事記』は、『風土記』編纂の命令が出る一年前の和銅五年（七一二）に太安万侶《おおのやすまろ》によって筆録され、献上されたものであるし、『日本書紀』は養老四年（七二〇）に舎人《とねり》親王《しんのう》らを中心としてまとめられたものである。したがって、『古事記』も『日本書紀』も『風土記』と同様に八世紀前半の編纂物という点では共通しているといえる。

さらに、『古事記』について、みてみるならば、天武朝、すなわち七世紀の後半に天武天皇の命令によって正しい歴史を残そうという意図のもとに作成され、それを一人の舎人、稗田阿礼《ひえだのあれ》に誦習《しょうしゅう》させたことが『古事記』の序文に記されている。それが、和銅四年（七一一）九月一八日にいたって稗田阿礼が誦習している事柄を筆録せよという詔《みことのり》が太安万侶に下された。それをうけて、和銅五年（七一二）正月二八日に上・中・下巻の三巻にまとめて奏上したものが『古事記』ということになる。三巻のうちの上巻すべてが神代にあてられており、中巻は神武天皇から始まり、下巻は推古天皇で叙述が終わっている。紀伝体で書かれており、現存最古の歴史書ということになる。

一方、『日本書紀』はというと、編纂の開始はやはり、天武朝にある。天武一〇年（六八一）に天皇が舎人親王・刑部親王《おさかべしんのう》・川島皇子《かわしまのみこ》らに『帝紀』などの編纂を命じたのが始まりとされる。全三〇巻で他に系図が一巻あったといわれるが、系図は現存しない。神代から持統天皇までを編年体でまとめたもので、正史として六国史の先駆けとなった。すなわち、このあと、『続日本紀』・『日本後紀』・『続日本後紀』・『日本文徳天皇実録』・『日本三代実録』というように、『日本書紀』のスタイルを踏襲して正史が編まれた。

こうしたことから、従来、『古事記』と『日本書紀』とを合わせて「記紀《きき》」と呼ぶことが多かった。現在でもその傾向はみられるものの、その一方で「記紀」と総称することへの批判も強く出るようになった。その理由は、ひとことでいうならば、『古事記』と『日本書紀』とでは、成立事情など異なる点も多く、両書を「記紀」とひとくくりにすることはできないということである。たしかに両書が同様のものであるならば、編纂の開始および完成年がほぼ同じというのはおかしなことのように思われる。史書の編纂は国家の大事業といえるであろうが、そうした大プロジェクトを組んで、同様のものを二つも作るなどとはふつう考えられない話である。そこで、『古事記』が国内向けの歴史書・天皇家の歴史書という性格をもつのに対して、『日本書紀』は国外向けの歴史書・国家の歴史書というように、両書には差異があるとするのが通説である。したがって、両書を「記紀」と総称することは正しくないということになる。こうした考えは首肯《しゅこう》されるべきものであるが、しかしながら、『古事記』と『日本書紀』とをひとつのカテゴリーで呼ぶことは有効なようにも思われる。それは、次にのべる『風土記』との関係においてである。つまり、『古事記』にしろ『日本書紀』にしろ、中央の律令政府の下で編纂された歴史書である。それに対して、『風土記』は国ごと、つまり、地元で作られた地理書である。こうした対比を想定するならば、『古事記』と『日本書紀』とをひとくくりにしてとらえてもよいと考える。そこで本書では、『風土記』に対して『古事記』・『日本書紀』という意味で「記・紀」という表記を使うことにしたい。

さて、「記・紀」に対して、『風土記』はというと、和銅六年（七一三）の作成の命令に基づいて国ごとに編纂が開始されたと思われる。おそらくは、各々の国衙《こくが》において国守を中心に国司たちが編纂プロジェクトを組織し、編纂計画を立ててそれを各郡の郡司たちに示して実務をおこなわせたと考えられる。そして、郡司らによる報告を受けて編纂プロジェクトで形を整えて、それを中央政府へ提出したと推測することができる。この事業に対する積極性や編纂に要した時間などについては、国ごとに差異があったであろうし、『出雲国風土記』のように国司の関与のあとがみられないものや西海道（九州）の『風土記』のように大宰府《だざいふ》で一括編纂された例もあるが、大方の『風土記』は先のようなプロセスを経てできあがったとみられる。

『風土記』は性格的には地理書であるが、そこには、地名の善し悪しや由来の他に、「古老」の伝承なども報告すべき対象になっている。したがって、『風土記』の作成が全国的になされるということは、日本列島のすみずみまで天皇の命令がいきわたるということに他ならない。『風土記』は地理書であると同時にそうした役割を担って編纂されたものといってよいであろう。

誰が何のためにつくったのか

『風土記』作成の出発点は、『続日本紀』和銅六年(七一三)五月二日条にある。それによると、

畿内七道諸国の郡郷名は、好き字を著けよ。其の郡内に生ずる所の銀銅彩色草木禽獣魚虫等の物は具さに色目を録し、及び土地の沃塉、山川原野の名号の所由、又、古老の相伝ふる旧聞異事は史籍に載せて言上せよ。

とあり、官命の具体的な内容を知ることができる。これによると、律令政府は、諸国に対して次の五点を求めていることがわかる。それは、

①地名には好《よ》い字をつけること。

②郡内の種々の産物について、その品目を記録すること。
③土地の肥沃の状態について知らせること。
④山川原野の名前の由来を記すこと。
⑤古老の伝承する旧聞異事を記すこと。
という五項目である。

この官命をみて気がつくことは、『風土記』という書名がまったくでてこないことである。『風土記』という名が明確にみられるのは、延喜一四年（九一四）に三善清行《みよしきよゆき》によってまとめられた「意見封事十二箇条」が最初といわれている。つまり、和銅六年（七一三）の段階では、作成を命じた律令政府側は、『風土記』という名の書物を作れ、とはいっていないわけであり、単に具体的な五点をあげて、それらについてのレポートを諸国に命じているのである。

それでは、そうした命令を受けた諸国では、どのような形で政府にレポートを提出したのであろうか。この点について参考になるのは、『常陸国風土記』である。『常陸国風土記』の冒頭部分をみると、
常陸国司、解す。古老の相伝ふる旧聞を申す事。

とある。こうした文書様式は、解《げ》もしくは解文《げぶみ》とよばれ、原則的には下級官庁から上級官

庁への上申のさいに用いられる。つまり、ここから『常陸国風土記』の場合、もともとは解という形で常陸国衙から中央政府へ上申されたものであったことがわかるのである。そして、このことから他の国の『風土記』の場合もおそらく当初は、解という形で政府へ提出されたと推測される。

それでは、この解という形式で諸国が中央政府へ報告書を上申したのはいつのことであったかというと、現在、明確にわかるものは、天平五年（七三三）の奥書をもつ『出雲国風土記』のみである。つまり、他の国の『風土記』については、その成立年を明らかにすることができないのであるが、『出雲国風土記』にしても、完成したのは和銅六年（七一三）の官命がでてからちょうど二〇年後というこ

常陸風土記
常陸國司解　申古老相傳舊聞事問國郡舊事古
老答曰古者自相模國足柄岳坂以東諸縣惣稱我
姫國是當時不言常陸唯稱新治筑波茨城那賀久
慈多珂國各遣造別令檢挍其後至難波長柄豊前
大宮臨軒天皇之世遣高向臣中幡織田連等總領
自坂已東之國于時我姫之道分為八國常陸國居
其一矣所以然號者往來道路不隔江海之津済郡
郷境堺相續山河之峯谷取近通之義以為名稱焉
或曰倭武天皇巡狩東夷之國幸過新治之縣所遣
國造毗那良珠命新令堀井流泉浄澄尤有好愛時
停乗輿翫水洗手御衣之袖垂泉而沾使依漬袖之

『常陸国風土記』の冒頭（宮内庁書陵部蔵）

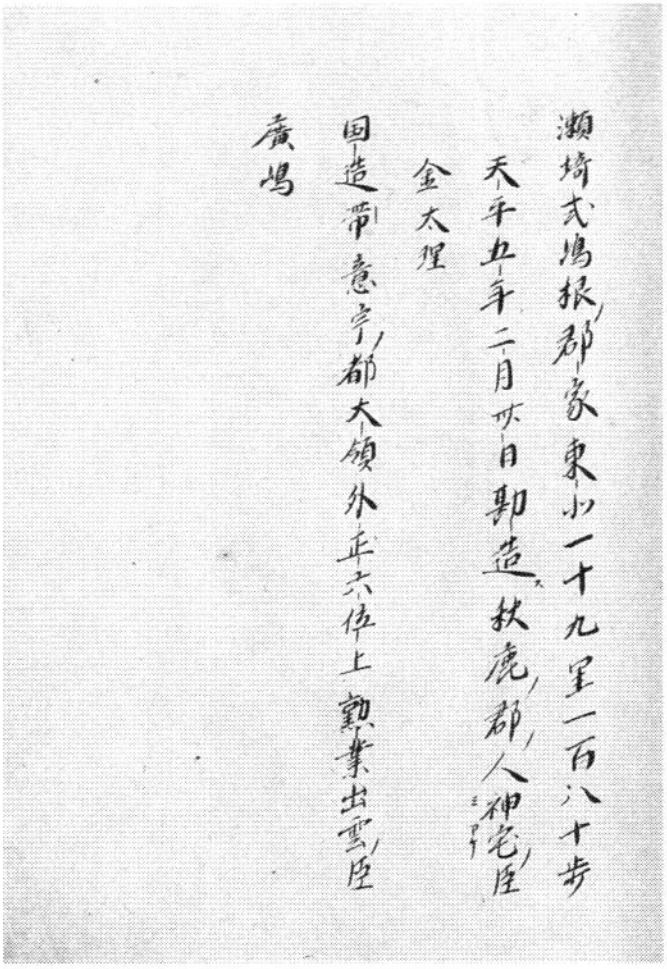
瀬埼戍嶋根郡家東北一十九里一百八十歩
天平五年二月卅日勘造　秋鹿郡人神宅臣
金太理
国造帯意宇郡大領外正六位上勲業出雲臣
廣嶋

『出雲国風土記』（日御碕本）奥書（日御碕神社蔵）

とになる。この二〇年という歳月をどのように考えるかについては、結論のでる話ではなく、結局、情報網や交通が未発達だった古代において、これくらいの時間が必要だったのではないか、ということに落ち着くことになるかと思う。しかし、この点について疑問視する考えもあり、一度作成したあと出来ばえに納得しなかった出雲国造が自ら先頭に立って作り直したのが現存する『出雲国風土記』であるとする出雲国造による私撰説や政府の命で再度、作成されたとする再撰説などもみられる。

また、『出雲国風土記』の奥書には、

天平五年二月卅日　勘造す

とある。すなわち、二月三〇日に作ったというのである。いうまでもなく、二月三〇日という日付は今の暦からみればふつうはないわけであるが、この点も学問的に問題にされたのは戦後のことであり、藪《やぶ》田《た》嘉《か》一郎《いちろう》氏による『出雲国風土記』偽書説がそれであり、藪田氏はこの日付などの問題点をとりあげ、『出雲国風土記』は天平五年（七三三）の成立ではなく、後世のものと結論づけた。しかし、正倉院から二月三〇日の日付をもつ奈良時代の文書がみつかるなどして『出雲国風土記』偽書説は否定されるにいたった。

『風土記』の成立という点にたちもどると、『常陸国風土記』は、養老二年（七一八）以前の成立とされている。それは、多珂郡《たかぐん》の条に多珂郡と石城郡《いわきぐん》とが設置されたことが記載されており、さらに、

石城郡は、今、陸奥国の堺の内に存《あ》り

と記されていることが証拠になる。すなわち、『続日本紀』の養老二年（七一八）五月二日条には石城国の設置記事がみられることから石城が郡として記されているのはそれ以前の記述とされるわけである。

『播磨国』についても成立年代を限定することは難しいが、霊亀《れいき》元年（七一五）に行政区画を里から郷へと改める以前の表記がみられることから、和銅六年（七一三）から霊亀元年（七一五）までの間にまとめられたとされている。

西海道、すなわち九州諸国の『風土記』に関しては、西海道を統轄していた大宰府によって統一的に編纂されたとみなされている。現存する『肥前国風土記』と『豊後国風土記』の成立についても明確な年代を示すことはできないが、地名表記が郷里制であるとこ

ろから、その制度が実施されていた霊亀元年（七一五）から天平一一年（七三九）の間とされている。そして、『肥前国風土記』に烽《とぶひ》と城の記載がみられ、『豊後国風土記』にも烽の記載がみられるところから、これらは、天平四年（七三二）に西海道の節度使《せつどし》として藤《ふじ》原宇合《わらのうまかい》が派遣されていることと無関係ではなかろうといわれている。つまり、両国の『風土記』には藤原宇合の影響が色濃く反映しているというのである。

こうしてみてくると、成立年代をはっきりいえるのは、『出雲国風土記』の天平五年（七三三）のみであるが、『常陸国風土記』と『播磨国風土記』とは、それ以前の成立、『肥前国風土記』と『豊後国風土記』とは『出雲国風土記』とほぼ同時期の成立とみてよいであろう。

それでは、これらの『風土記』は何のために作られたのであろうか。この点についても同時代に作られた『古事記』・『日本書紀』と関係づけてみることが必要かと思われる。つまり、『古事記』や『日本書紀』が歴史書であるのに対して、『風土記』は地理書であるということである。『古事記』・『日本書紀』の成立の由来は、天皇なり国家なりといった支配者が日本を統治することになった事情を過去からときおこし、その統治の正統性をのべることにある。それに対して、『風土記』は、日本列島の地域すべての状況を把握することによって、すみずみまで天皇の支配が及んでいることを確認し公表するためのものと考えられる。いわば、『古事記』や『日本書紀』が時間軸を通して支配の正統性をのべているのに対して、『風土記』は面的に〝現在〟での支配の正統性を主張しているといえる。したがって、『古事記』・『日本書紀』と『風土記』とは、互いに補いあいながら天皇の列島支配の正統性をのべていると考えられ、両者の間には密接な関係があるのである。

また、『古事記』・『日本書紀』と『風土記』との関係性を中国の正史との比較からいうこともできるように思われる。〝文字の民〟と称される中国では歴代の王朝ごとに正史が編まれるのが通例である。そして、その内容の中には一部門として地理的要素が含まれている。「志」という部門がそれであり、日本に関連するものとして『漢書』の地理志は有名である。ところが日本の場合、『古事記』や『日本書紀』のいずれにも、こうした「志」に相当する部分はみられない。先にみたように、歴史によって過去から現在にいたるまでを垂直的に支配していることをのべ、地理によって日本列島のすみずみまでを水平的に支配していることをいうためには、この「志」にあたる部分が必要になってくる。『風土記』は、そのような考え方に立って編纂されたとみることも可能であろう。

『風土記』の種類

『風土記』は、中央政府から諸国へ作成の命令が和銅六年（七一三）に出され、それに応じて原則的には国々の国司たちによってまとめられたと考えられる。八世紀の初め、すなわち奈良時代前半には、全国でおよそ六〇ほどの国があったことから、時期の遅い早いはあったであろうが、大体六〇種類くらいの『風土記』が提出されたと考えられる。

しかし、現在、まとまった形でみられる『風土記』は、常陸・出雲・播磨・肥前・豊後のわずか五カ国にすぎない。もちろん、奈良時代にまとめられた原本はなく、それぞれの『風土記』が写本として残存している。その中でも『出雲国風土記』は、内容的にほぼ完本の状態で残っていて、八世紀の初めおよびそれ以前の出雲国の様子を知る上で大変、貴重な史料といえる。

『出雲国風土記』にはいろいろな特殊性がみられ興味深いが、まず第一には、編纂の責任者が、守をはじめとする国司たちでないということであろう。『風土記』は当時の平城京の政府が諸国に作成を命じたものであるから、編纂の中心になったのは、当然のことながら、その国の国司たちと考えられる。しかし、『出雲国風土記』には国司が関わったあとがみられず、その巻末には出雲国造であった出雲臣広島の名と秋鹿郡《あいかぐん》の人である神宅臣《みやけのおみ》金太理《かなたり》の名が記されている。つまり、編纂の総責任者は、出雲大社を奉斎していた出雲国造と考えられるのである。これは不思議な話であり、現存する『出雲国風土記』を出雲国造の私撰であるとする水野祐博士の説の一因にもなっている。天平五年（七三三）に完成

したという奥付から成立年がわかることも重要であるが、さらに、総記にあたる部分に、
　霊亀元年の式に依りて、里を改めて郷と為せり。其の郷の名の字は、神亀三年の民部
　　省の口宣を被《かうむ》りて、改む。
とあることも見逃せない。
　律令国家の地方行政区画は、国―郡―里制であるが、ここにみられるように、霊亀元年（七一五）に里《さと（り）》の表記が郷《さと（ごう）》になった。制度的には、国―郡―郷―里《こざと》制になったのであるが、変更になった年については、『出雲国風土記』のみが記すばかりである。もっとも、この霊亀元年についていては、木簡などの研究成果から霊亀二年（七一六）とする説が出されている。また、郷の名が神亀三年（七二六）によって改められたことが記されており、これも『出雲国風土記』のみに記されていることである。これは、『風土記』の作成を命じた官命にみられる郡郷名に好字をつけよという項目に対応すると思われるが、興味深いのは、作成の命が地名を内容的によくするようにと変えよといっているのを文字自体をよくするように改めていることである。その典型としては、地名の字数は二字が原則とされていたようで、一字や三字の場合、二字に改められたりしている。
　『常陸国風土記』は、巻首にすえられた総記と行方郡《なめがたぐん》の記事については現在もその内容が残っているが、新治《にいばり》・筑波《つくば》・信太《しだ》・茨城《うばらき》・香島《かしま》・那賀《なか》・久慈《くじ》・多珂《たか》の八郡に関しては散

失部分がみられ、さらに、白壁《しらかべ》・河内《かわち》の二郡にいたってはすべての記載が失われてしまっている。

『常陸国風土記』にも特筆すべき点は多いが、やはり、冒頭に「常陸国司、解《げ》す」とあることは見逃せない。このことによって常陸国をはじめとする『風土記』は、当初、下級官庁から上級官庁へ上申する際の文書形式である解《げ》（文《ぶみ》）という形で作成されたであろうことがわかるのである。

また、たくみな文章表現も『常陸国風土記』の特徴のひとつである。たとえば、総記に、

> それ常陸国は、堺は是、広大《ひろ》く、地《くに》も亦、緬邈《はるか》にして、土壌《たはたけ》も沃墳《つちこ》え、原野も肥衍《つちこ》えて、墾発《ひら》く処なり。海山の利ありて、人々自得《やすらか》に、家々足饒《にぎは》へり。もし、身を耕耘《たつく》るわざに労《いたつ》き、力を紡蚕《いとつむ》ぐわざに竭《つく》す者あらば、立即《たちどころ》に富豊《とみ》を取るべく、自然に貧窮《まづしさ》を免るべし。況《いは》むや復《また》、塩と魚の味を求めむには、左は山にして右は海なり。桑を植ゑ、麻を種《ま》かむには、後は野にして前は原なり。いはゆる水陸の府蔵《くら》、物産の膏腴《ゆたか》なるところなり。古《いにしへ》の人、常世国《とこよのくに》といへるは、蓋《けだ》し疑《うたが》ふらくは此の地ならむ。

と記されている。対句を多用し、常陸国がこの世の楽園のようにほめちぎっていて、最後は道教において理想郷とされる常世国をもち出し、常陸国があたかも、この常世国かとまでいっているのである。しかし、こうした表現があくまでも修飾にすぎないということは、これに

続く文章が、「但、有らゆる水田、上は少なく、中の多きを以ちて」とあるところからも明らかである。さらに、対句の技法でも、筑波郡の条で、富士山と筑波山を比較した描写でも、

福慈岳　常雪不レ得二登臨一　其筑波岳　往集歌舞飲喫　至二于今一不レ絶也
〔福慈岳（富士山）は、いつも雪が降っていて登ることができない。其の筑波岳は、人びとが集まり、歌舞飲酒に興じることが、現在にいたっても絶えることがない。〕

とあり、筑波山についても、

夫筑波岳　高秀二于雲一　最頂西峯崢嶸　謂二之雄神一　不レ令二登臨一　但　東峯四方磐石　昇降峡屹　其側流レ泉　冬夏不レ絶
〔それ筑波岳は、高く雲に秀で、頂上は西側の峰（男体山）は険しく高く、雄の神と称していて登ることができない。ただ、東の峰（女体山）は、四方が岩場で登り降りは険しいが、其のかたわらに泉が流れていて冬も夏も枯れることがない。〕

というように、四文字と六文字とをたくみに組み合わせた四六駢儷体《しろくべんれいたい》の描法がみられ、どこか垢ぬけた印象を受ける。

こうしたことからも、『常陸国風土記』の編者として、藤原四家のうち、式家の創設者である藤原宇合の関与がいわれている。厳密にいうならば、『常陸国風土記』の編纂者は

不明としかいいようがないが、文章の華麗さや神仙思想といった道教の素養からふつうの国司ではなかろうと推測されている。そうした目でみるとき、養老三年（七一九）から同七年ごろまで常陸国守で按察使《あぜち》であった藤原宇合とその下で国司をしていた万葉歌人の高橋虫麻呂《たかはしのむしまろ》が注目される。つまり、この二人がほぼ編纂が終わっていた『常陸国風土記』に最終的に手を入れ、完成させたのではないかとされるのである。

『播磨国風土記』は巻首と明石郡《あかしぐん》・赤穂郡《あこうぐん》の記事が失われているが、他の十郡についてては記述がみられる。明石郡についても、のちに述べる逸文という形で部分的に記事をみることができるが、まとまった形で現存している『播磨国風土記』の中には残念ながら明石郡の記事はひとつも残されていない。『播磨国風土記』の特徴としては、土地状態が他の『風土記』と比べて詳細であることが挙げられる。一例を挙げるならば、賀古郡の鴨波里《あわわ》の条をみると、

鴨波里土は中の中なり。昔、大部造《おほとものみやつこ》等が始祖、古理売《こりめ》、此の野を耕して、多に粟を種《ま》きき。故、粟々里《あはは》といふ。

とある。ここから鴨波里の土地の評価は「中の中」ということがわかる。このように『播磨国風土記』では、土地を上・中・下の三段階に分け、それぞれをさらに上・中・下の三つに区分している。つまり、土地を九段階に評価しているわけであり、これはとりもなお

さず、和銅六年（七一三）の『風土記』作成の命令の中にある土地の状態を報告せよという内容に対応したものといえよう。

また、『播磨国風土記』には、古い写本が残されていることも見逃せない。すなわち、現在、天理大学図書館に所蔵されている三条西家本とよばれているものがそれであり、平安時代中期以降に写されたとされている。

『豊後国風土記』と『肥前国風土記』とは、共に巻首と各郡の冒頭は残っているものの、全体的に散逸部分が多く、現在、不完全な形でしかみることができない。また、両国の『風土記』は、『常陸国風土記』の編纂方針と共通する点がみられることなどから、天平四年（七三二）に西海道節度使として大宰府に派遣された藤原宇合との関係がいわれている。すなわち、やってきた宇合の主導によって、大宰府が中心になって西海道（九州）諸国の『風土記』が一挙に編纂されたのではないかといわれている。

これら五カ国の『風土記』が現在、まとまった形でみることのできるものであるが、これ以外に断片的に残されている『風土記』もある。それらは、たとえば鎌倉時代に成立した『釈日本紀』などの書物に引用される形で姿を留めているもので、逸文と総称される。『風土記』の逸文は、いずれも簡潔なものばかりであるが、四九カ国ほどの逸文が残存している。これらの逸文の中には、はたして本当に『風土記』の記事とみなしてよいかどう

三保松原と富士山（写真提供　ピクスタ）

か疑わしいものも含まれているが、お伽草子のひとつとして知られる『浦島太郎』の原形と考えられる浦島子伝承など興味をひかれるものも多い。最近、世界遺産となった富士山に含まれる形で指定を受けた静岡県の三保松原に関しても『駿河国風土記』の逸文として『本朝神社考』に引用されている。しかし、羽衣伝承で有名なこの三保松原の条は残念ながら、『風土記』の逸文とはみなしがたいというのが通説になっている。

このように、五カ国の『風土記』と多くの逸文が現在、残されており、これらを基に日本列島各地の古代史を再構築することは、『古事記』や『日本書紀』から得られる古代史像とはまた異なったイメージを生み出すことになるであろう。

第二章　『風土記』の中の神や英雄たち

1　神々の群像

スサノオ神

日本神話に登場する神々の中でもスサノオ神は、もっとも人気のある神といってもよいかもしれない。スサノオ神というと、まず思いつくのは八岐大蛇《やまたのおろち》退治の神話であり、高天原《たかまのはら》での数々の乱暴であろう。これらは、まちがいなくスサノオ神の姿ではあるが、それは一面にすぎないともいえる。というのは、こうしたいわゆる荒ぶる神としてのスサノオ神のイメージは、すべて『古事記』や『日本書紀』によって得られたものであり、スサノオ神には、実はもうひとつの姿がみられるのである。それは、「記・紀」とほぼ同じ八世紀の前半に成立した『出雲国風土記』の中のスサノオ神であり、ここには「記・紀」とはまったく異なるスサノオ神像をみることができる。

『出雲国風土記』の中でスサノオ神は、全部で四カ所にわたって姿をみせている。まず、意宇郡《おうぐん》の安来郷《やすきごう》の条をみると、スサノオ神がいろいろなところをめぐり歩き、ここにきて「吾が御心は、安平《やす》けくなりぬ」といったとある。ここからは、スサノオ神は本来、安来

須佐神社（写真提供　ピクスタ）

郷の神ではなく、どこからかこの地にやってきたこと、そして、ここにきてとても気持ちが安らかになったと語ったということが確認できよう。

　これに対して、飯石郡《いいしぐん》の須佐郷《すさごう》には、安来郷とは違うタイプの伝承が残されている。それは、スサノオ神がこの国は小さい国であるがとても良い所であるといったとあり、自分の名前は石や木にはつけずに、この地名につけようといって御魂を鎮め置いたというのである。そして、経済基盤となる大須佐田《おおすさだ》と小須佐田《こすさだ》とを定めたと記されている。この内容からは、安来郷のようにどこからかやってきたという移動性をあまり感じることはできず、スサノオ神が須佐郷を基盤とした信仰圏をもった神であることを示唆しているように思われる。

スサノオ神の他の二カ所の伝承は、いずれも大原郡にみることができる。そのひとつは御室山《みむろやま》の由来をのべたもので、スサノオ神が御室を造ってここに宿ったという内容である。

もうひとつは、佐世郷の地名説話で、
古老の伝へて云へらく。須佐能袁命《すさのをのみこと》、佐世《させ》の木《き》の葉《は》を頭刺《かざ》して、踊躍《おど》らし時、刺させる佐世の木の葉、地に堕ちき。故、佐世といふ。

とある。いずれも簡略な内容であるが、御室山については、〝室〟という言葉が、神霊を留め斎《いつ》き祭る場所を意味するともいわれている。また、佐世郷の伝承は、ユニークな内容といえる。スサノオ神が佐世の木の葉を頭につけて踊ったというのである。すると、その佐世の木の葉が地面に落ちたので、この地を佐世郷という、とのべている。この伝承は一体、何をいいたいのであろうか。木の葉を頭につけて舞い躍るスサノオ神の姿は、「記・紀」にみられるスサノオ神像とはほど遠い。

この佐世郷の伝承には接触呪術（感触呪術）の影響がみられるという指摘もある。スサノオ神が佐世の木の葉を身につけることによって、佐世の木の葉にスサノオ神の霊威が宿ることになり、その佐世の木の葉が地面に落ちることで、その地にスサノオ神の霊威が宿るというわけである。言葉を変えると、佐世郷がスサノオ神の影響もしくは支配を受けるということもいえる。

　これらがスサノオ神自身の伝承である。内容自体の簡潔さもあって、それほど顕著な特徴を指摘することは難しいといわざるをえないが、スサノオ神が須佐郷と関係深い神であること、呪術的性格を持った神であることなどをいうことはできよう。いずれにしても、『出雲国風土記』からうかがわれるスサノオ神は、「記・紀」にみられるものとは全くといってよいほど異質なものである。こうしたスサノオ神像のギャップを埋める手段として、次に『出雲国風土記』に登場するスサノオ神の御子神たちに注目してみたい。

『出雲国風土記』には、スサノオ神の御子神として、男神が五神、女神が二神の合わせて七神が姿をみせている。これらのうち、女神は、ヤノノワカヒメ神とワカスセリヒメ神である。両神とも『出雲国風土記』において、「天の下造らしし大神」とたたえられるオオクニヌシ神と婚姻関係を結んでいる。このことは、とりもなおさず、スサノオ神の信仰圏とオオクニヌシ神のそれとの接点を反映していると思われる。しかし、女神達自身についての詳細は不明であり、わずかにワカスセリヒメ神が『古事記』のスセリビメ神と神名が似ているということを指摘するくらいにとどまる。

　一方、男神をみると、まず意宇郡の大草郷《おおくさごう》に、アオハタサクサヒコ神が登場する。しかし、ここでのアオハタサクサヒコ神は、ただ単に大草郷に鎮座しているとだけしかでてこない。そのかわり、大原郡の高麻山《たかさやま》にも伝承を残していて、ここでは、高麻山に麻を蒔いたとあり、その山の峰に御魂を鎮めたと記されている。ここからアオハタサクサヒコ神は増殖神としての性格をもっている。

ついで、島根郡に目をやると、ツルギヒコ神とクニオシワケ神の二神がみられる。まず山口郷には、ツルギヒコ神が、この地は自分が鎮座する山の口、つまり、ふもとであるといったとあり、方結郷《かたえ》には、クニオシワケ神がこの地は国の形が大変よいといったとある。二つの伝承ともあまりにも短く情報の不足はいなめないが、ツルギヒコ神については神名から剣をシンボルとする武神ととらえるのが一般的である。また、クニオシワケ神の方は、『古事記』に登場するクニオシトミ神と同じ神かともいわれるが、詳細は不明としかいいようがなく、神名から土地神・開拓神と推定するくらいである。

島根郡の西に隣接する秋鹿郡には、イワサカヒコ神の伝承がみられる。恵曇郷《えともごう》に、イワサカヒコが国中を巡幸していたとき、ここにきてとても若々しく美しい国で国形がエトモのようであるといい、ここに宮殿を造ろうといったというのである。この神についても詳しいことはわからないが、磐坂《いわさか》は石坂とか斎境に通じ神霊の降りる場所といわれていることから、神々の降臨する聖なる場所にいて、神々に奉仕する役目をもった神かと考えられる。秋鹿郡にはもう一神、ツキホコトオヨルヒコ神が多太郷《ただごう》に登場している。すなわち、

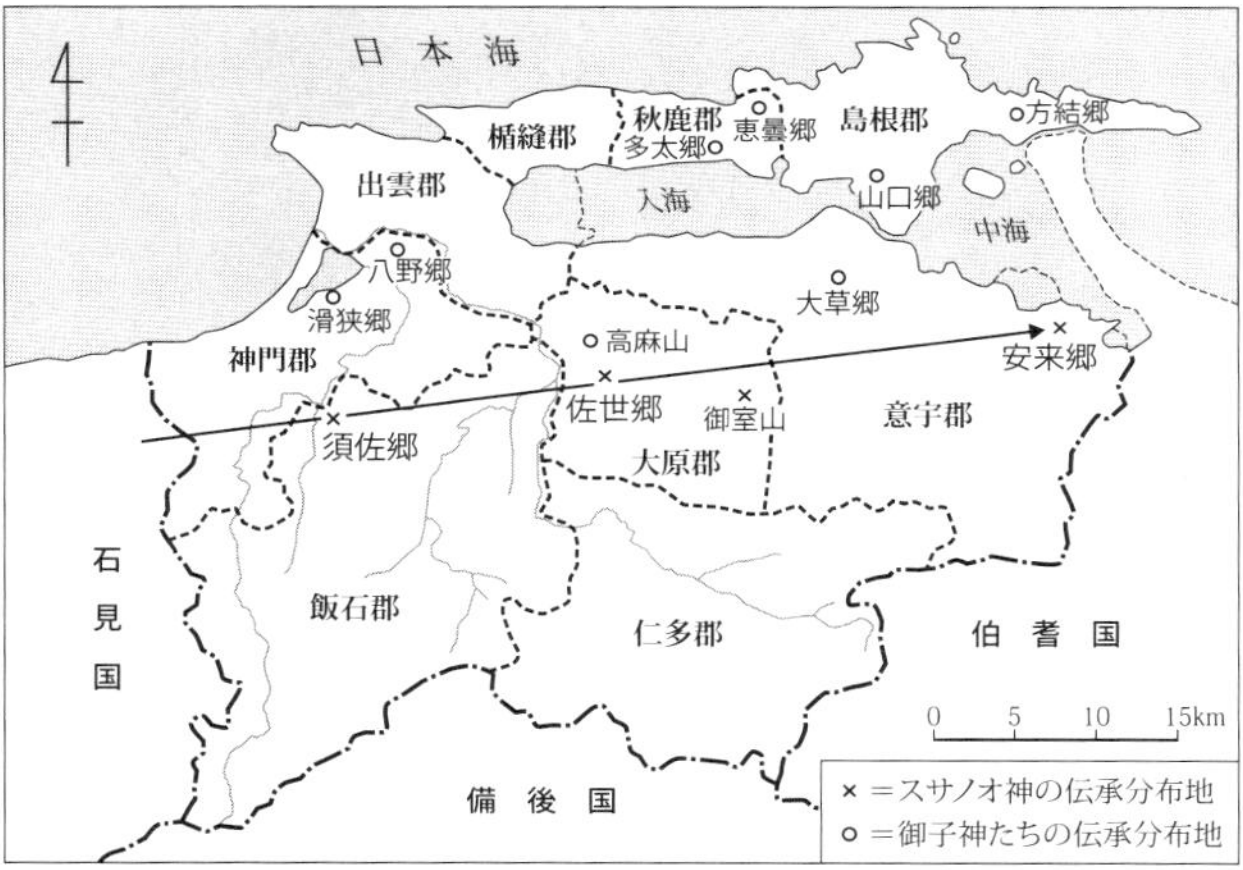

スサノオ神と御子神の伝承分布地

ツキホコトオヨルヒコ神が国内を巡幸していたとき、この地にやってきて心が「照明《あか》く正真《ただ》しく成りぬ」といって、この地に鎮座したという。この神についても、多太郷の記載から詳細を知ることは不可能といってよく、神名から矛をシンボルとする武神というところであろう。

これらが『出雲国風土記』に登場するスサノオ神の御子神達である。いずれの神についても詳細を追うことは難しいが、それでもアオハタサクサヒコ神からは増殖神としての性格を、また、ツルギヒコ神やツキホコトオヨルヒコ神からは神名をよりどころとして武神のイメージをそれぞれ喚起することができるであろう。

一方、祖神であるスサノオ神については、

すでにみたようにあくまでも素朴な神としてのイメージしかみることができず、「記・紀」にみられるような荒ぶる神としての性格は全くみられなかった。また、『日本書紀』の一書にみられるような木材を生み出すといった増殖神としての性格も同様にみることができなかった。しかしながら、こうした素朴なスサノオ神に、いままでみてきた御子神達の性格を重ね合わせると、そこには「記・紀」にみられるスサノオ神のイメージをかなりみることができるように思う。つまり、スサノオ神にツルギヒコ神とツキホコトオヨルヒコ神の武神としての性格を加えることによって荒ぶる神としての姿をうかび上がらせることが可能である。また、アオハタサクサヒコ神の増殖神という性格も『日本書紀』の一書にみられる増殖神としてのスサノオ神のイメージとだぶらせることができるように思われる。

これらのことから、「記・紀」にみられるスサノオ神像は、『出雲国風土記』にみられるスサノオ神に御子神の性格を合わせたものに類似しているということがいえるように思われる。こうした現象をどのように理解するかに関しては、『出雲国風土記』の伝承のあり方によってオリジナル性を求めるべきであり、出雲に本来、伝承されていたスサノオ神と御子神達の伝承をベースにして「記・紀」のスサノオ神像が形成されたと考えるべきであろう。

さらに、スサノオ神の本貫地については、『出雲国風土記』の須佐郷の伝承が、他のスサノオ神の伝承と比較して密度が高いことを考え合わせるならば、やはり、須佐郷をスサノオ神の本拠地とするのが穏当であろう。『出雲国風土記』にみられるスサノオ神の表記のほとんどが「須佐」を用いているという点もそのことをうなずかせる。おそらくは、『出雲国風土記』が作成された天平五年（七三三）当時においては、すでにスサノオ神と須佐郷との密接な関係は出雲で周知の事実であったと考えられるのである。

オオクニヌシ神

出雲大社の祭神としてしられるオオクニヌシは、さまざまな顔をもった神でもある。『日本書紀』の巻一の第八段をみると、オオクニヌシという名の他に、オオモノヌシ・オオナムチ・アシハラノシコオ・ヤチホコ・オオクニタマ・ウツシクニタマというように、六つの別名が記されている。また、『古事記』にも、オオクニヌシの他にオオナムチ・アシハラノシコオ・ヤチホコ・ウツシクニタマといった別名がみられる。これらの神名には、オオクニヌシという神名と同じ意味のものもいくつかある。たとえば、オオモノヌシ・オオナムチは、オオクニヌシと

オオクニヌシの意味

オオ	大	オオ	オオ
クニ	土地	モノ	ナ
ヌシ	貴人（主）	ヌシ	ムチ

同様に大きな土地の所有者といった意味になる。この他に、アシハラノシコオは地上で最もエネルギッシュな神ということであり、ヤチホコは多くの矛の神となり武神を意味する。また、オオクニタマ・ウツシクニタマは国魂の神であり、その国（土地）を象徴する神ということになる。

このように、多くの神名がみられることをどのように考えるかは、大きな問題かと思われるが、ひとつには、本来、それぞれの神名をもった個々の神がいて、それらがオオクニヌシというひとつの神格に統合されたというように考えることもできよう。

こうした「記・紀」でのオオクニヌシのイメージは、『出雲国風土記』では一変する。『出雲国風土記』の中では、オオクニヌシはもっぱら、「天の下造らしし大神（所造天下大神）」という尊称・美称で表記されており、これに大穴持命（オオナモチノミコト）がついたりする。そして、現在、オオクニヌシは、出雲大社に祭神として鎮座している。ところが『出雲国風土記』には、オオクニヌシについて興味深い記事がみられる。それは、出雲国の西部に位置する神門郡朝山郷にみられる山々の記載である。具体的には、

吉栗山《よしくりやま》　郡家《こおりのみやけ》の西南廿八里なり。栬《ひのき》・椕《すぎ》有り。謂《い》はゆる天の下造らしし大神の宮の材を造りし山なり。

宇比多伎山《うひたきやま》　郡家の東南五里五十六歩なり。大神の御屋なり。

稲積山《いなづみやま》　郡家の東南五里七十六歩なり。大神の稲積なり。

陰山《かげやま》　郡家の東南五里八十六歩なり。大神の御陰なり。
稲山《いなやま》　郡家の東南五里一百一十六歩なり。東に樹林在り。三方、並びに礒なり。大神の御稲種なり。
桙山《ほこやま》　郡家の東南五里二百五十六歩なり。南と西は並びに樹林在り。東と北は並びに礒なり。大神の御桙なり。

『出雲国風土記』でのオオクニヌシの表記

表記名	所在地
所造天下大神大穴持命（７例）	意宇郡母理郡 〃　山代郷 神門郡朝山郷 〃　八野郷 飯石郡多禰郷 仁多郡 大原郡城名樋山
所造天下大神命（９例）	意宇郡拝志郷 〃　宍道郷 〃　賀茂神戸 島根郡手染郷 〃　美保郷 楯縫郡玖潭郷 出雲郡宇賀郷 神門郡滑狭郷 大原郡来次郷
所造天下大穴持命（１例）	意宇郡出雲神戸
所造天下大神（10例）	楯縫郡 出雲郡杵築郷 〃　美談郷 神門郡高岸郷 〃　多伎郷 飯石郡三屋郷 〃　琴引山 大原郡神原郷 〃　屋代郷 〃　屋裏郷
大穴持命（１例）	仁多郡三処郷
大神大穴持命（１例）	仁多郡三沢郷

冠山《かがふりやま》　郡家の東南五里二百五十六歩なり。大神の御冠なり。

と記されている。はじめにみられる吉栗山は、郡役所から西南に二八里いったところにあることになっているが、次の宇比多伎山から冠山までの六山は、郡役所からの距離がいずれも六里以内にあり、それぞれが近接している。位置的には朝山郷にあるところから、俗に朝山六神山とよばれている。

吉栗山と朝山六神山のそれぞれ記載内容をみると、とても興味深いことが記されている。まず、吉栗山は天の下造らしし大神の神殿の材木を造る山であるといっている。ここで材木を造るという表現をしていることは注目される。つまり、ここでは切り出すのではなく、造り出すといっているのである。ここから、吉栗山では神殿のための造成林が形成されている可能性があり、現在、出雲大社がおよそ六〇年ごとにおこなっている遷宮との関係も考えられるかもしれない。

ついで、宇比多伎山は、大神の宮であり、稲積山は大神の稲を積んだものとのべている。

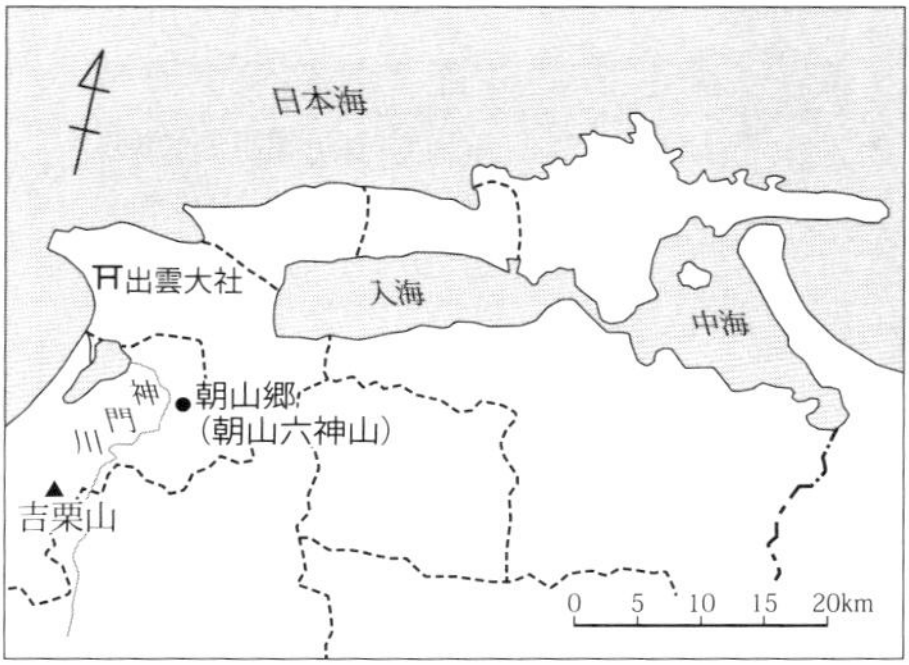

朝山六神山と吉栗山

朝山六神山（写真提供 島根県古代文化センター）

さらに、陰山は大神のみかげであり、稲山は大神の稲種、桙山は大神の桙、冠山は大神の冠であるといっている。いうまでもなく、これらは見立てであるが、面白いのは、朝山六神山の見立てが天の下造らしし大神の日常生活に必要なものをひととおり満たしているということである。すなわち、大神の衣装関係（御陰・冠）・食（稲・稲種）・住（屋）・武器（桙）ということになる。

このように朝山郷にみられる六つの山をとらえると、ここが天の下造らしし大神の生活空間、すなわち鎮座地といってもよいように思われる。吉栗山で造成した木材を神門川を使って下流に運び、朝山郷で引き上げて天の下造らしし大神の神殿を造る。これがとりもなおさず、大神の屋ということになる。そして、その周辺には、大神のための衣・食・武器などが配置されている。まさに、天の下造らしし大神の鎮座地にふさわしいロケーションといえよう。しかし、いうまでもなく、天の下造らしし大神とたたえられるオオクニヌシの鎮座地は、島根半島の西端にある出雲大社である。したがって、この朝山郷をオオクニヌシの鎮座地とすると、あきらかに矛盾が生じることになる。

この点をどのように考えるかについては、なかなか難しい問題であるが、オオクニヌシ信仰の二重性を想定することができるのではなかろうか。本来、出雲氏が出雲の東部を拠点としていたときに信仰していたのはクマノ大神であったと考えられる。それが西部への勢力の拡張によって、出雲全域を支配した段階において、西部の神であったオオクニヌシ(オオナモチ)を自分たちが奉斎する神とし、天の下造らしし大神として、出雲全域の神と位置づけたのではなかろうか。そのオオクニヌシがまだ出雲の西部の神であったときの信仰圏の中心が朝山郷であったとみるならば、『出雲国風土記』の朝山郷の記載もスムーズに受けいれることができよう。

ヤツカミズオミヅヌ神

国引きの神

ヤツカミズオミヅヌ神は一般に八束水臣津野神と表記されるが、この神の名をきいても、あまりピンとこない人が多いのではなかろうか。その原因は、「記・紀」神話の中では、まったくといってよいほど活躍の場を与えられていないからである。しかし、「記・紀」神話にひとつも姿をみせないのかというと、そうではない。『古事記』の中に記されているスサノオ神の系譜をみると、

①スサノオ神　⇦
八島士奴美神《やしまじぬみのかみ》　⇦
布波能母遅久奴須奴神《ふはのもぢくぬのかみ》　⇦
深淵之水夜礼花神《ふかぶちのみずやれはなのかみ》　⇦
淤美豆奴神《おみづぬのかみ》　⇦
天之冬衣神《あめのふゆきぬのかみ》　⇦

大国主神《おおくにぬしのかみ》

別名……大穴牟遅神
葦原色許男神
八千矛神
宇都志国玉神

となっている。この系譜のねらいは、スサノオ神の子孫がオオクニヌシ神であることを明確にすることと考えられるが、オオクニヌシ神の二代前にオミヅヌ神という名の神がみられる。この神がヤツカミズオミヅヌ神と同神であるといわれている。

それでは、ヤツカミズオミヅヌ神はどのような神かというと、『出雲国風土記』では、「記・紀」とうってかわって重要な役割を担う神として登場している。すなわち、『出雲国風土記』の冒頭の国引き神話の主人公として登場するのがヤツカミズオミヅヌ神なのである。国引き神話は、意宇郡の郡名由来を述べるためのものであるが、単に郡の名称を説明するというのに留まらず、出雲の国土創成神話としての性格も持っている。

『出雲国風土記』は、「天の下造らしし大神」と称せられるオオクニヌシ神が全体を通して圧倒的な存在感を示しているが、それに次ぐ神は、スサノオ神とヤツカミズオミヅヌ神である。何よりも国引き神話の主人公であるという点が、ヤツカミズオミヅヌ神を『出雲国風土記』にはなくてはならない神にしているといってよいであろう。

ヤツカミズオミヅヌ神とその系統神

それでは、ヤツカミズオミヅヌ神の実像とは、一体どのようなものであったかを、『出雲国風土記』からみてみたい。『出雲国風土記』の巻頭には、ヤツカミズオミヅヌ神が「八雲立つ」といったので、八雲立つ出雲というようになったとある。つまり、出雲という国名由来もこの神によるということになる。「記・紀」では、八雲立つといったのはスサノオ神とされ、これが一般的である。この点は興味深いといえよう。

次に、神門郡《かんどぐん》の条には、

此は意美豆努命《おみづぬ》の国引きましし時の綱なり。今、俗人号けて薗《その》の松山といふ。

とある。薗の松山（長浜）に関する記載であり、ここは国引きの際、綱の役目を果たしたというのである。国引き神話は、全部で四回の国引きをヤツカミズオミヅヌ神がおこなって、現在の島根半島を作りあげる。このとき、一回目の国引きと四回目のときには国を引いた綱が記されている。薗の松山は一回目のときの綱とされており、出雲西部にあたるこの地には、現在、ヤツカミズオミヅヌ神を祭神とする長浜神社が鎮座している。

また、ここで興味深いことは、ヤツカミズオミヅヌ神の表記である。すなわち、「意美

長浜神社（写真提供　島根県）

豆努命」となっており、オミヅヌ命と読める。これは、『古事記』に登場した淤美豆奴神と同じ読みということができる。

オミヅヌ命という表記は出雲郡の伊努郷《いぬのさと》にもみられる。ここの伝承は、「国引き坐し意美豆努命」の御子神である「赤衾《あかふすま》伊努《いぬ》意保須美《おおすみ》比古佐倭気能命《ひこさわけのみこと》」の神社が郷の中にあるというだけのものであるが、オミヅヌ命という表記と御子神の存在が記されていることは重要である。

ここにみられるアカフスマイヌオオスミヒコサワケノ命については、秋鹿郡の伊農郷《いぬのさと》の条に、この神の后神として、「天瓺津《あめのみかつ》日女命《ひめのみこと》」の姿がみられる。すなわち、后神であるアメノミカツヒメ神があちこちの土地を巡行したときに、この地に至って「伊努波夜《いぬはや》」と夫神の名をよんだというのである。

次に、『出雲国風土記』の島根郡の条をみると、島根という地名は、「国引き坐しし八束水臣津野命」が命名したので島根という、と記されている。なぜ島根なのかという具体的な説明などには一切ふれられていない。ただ、国引きをおこなったヤツカミズオミヅヌ神が命名したとあるのみであるが、神名に国引きをしたということが明記されている点は興味深い。

また、出雲郡の杵築郷《きづきごう》の条には、

八束水臣津野命の国引き給ひし後、天の下造らしし大神の宮を造り奉らむとして、諸の皇神《すめがみ》等、宮処に参集ひて、杵築きたまひき。

とみえる。これは出雲大社の創建をものがたるものであり、ヤツカミズオミヅヌ神が国引きを終えた後に、天の下造らしし大神、すなわち、オオクニヌシ神のために諸神が集って神殿を築いたという内容である。ここでもヤツカミズオミヅヌ神には国引きのことが付随していることはみのがせない。

八束水臣津野命の系譜

八束水臣津野命─赤衾伊努意保須美比古佐倭(和)気能命
＝
天甂津日女命

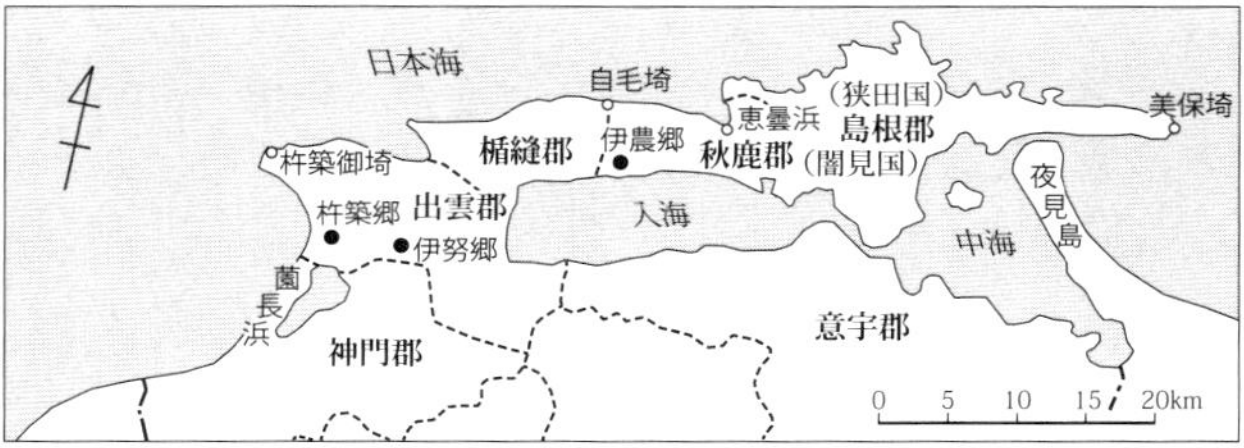

八束水臣津野命と系統神の分布

八束水臣津野命の伝承分布

記載個所	八束水臣津野命	赤衾伊努意保須美比古佐倭気能命	天甦津日女命
総記	国名由来		
意宇郡	国引き神話		
島根郡	郡名由来		
秋鹿郡			伊農郷の由来
出雲郡	杵築郷の由来	伊努郷に社がある	
神門郡	薗の松山の記載		

これらの伝承分布を表にまとめると明らかなように、ヤツカミズオミヅヌ神に関する伝承は、国名由来・郡名由来・国引きというように、スケールが大きく、まさしく国土創成の神としてふさわしいものばかりである。このことは、いいかえるならば、ヤツカミズオミヅヌ神の原像とは異なる姿を示しているともいえる。なぜならば、国名由来とは、とりもなおさず出雲地域が、「国」という行政上の概念で認識されるようになってからの所産であるし、国引きにしても、出雲国が全体的に視野に

茨城県の鹿島神宮（写真提供　ピクスタ）

入り、把握されるようになった後になって生まれるものであり、いずれも後事的と考えるのが妥当であるからである。

これらのことをふまえて、もう一度、ヤツカミズオミヅヌ神とその系統神の伝承分布を全体的に眺めるならば、島根半島にほぼ連続してヤツカミズオミヅヌ神の系譜をとらえることができる。すなわち、ヤツカミズオミヅヌ神は島根郡、御子神とその后神は秋鹿郡から出雲郡にかけてのエリアが関係性において最も強いといえる。

カシマ大神

国譲《くにゆず》りを成功させた武神

カシマの大神は、鹿島大神や香島大神とかと表記され、茨城県の鹿島神宮の祭神としてしられ、タケミカヅチ神のこととするのがふつうである。

その性格は、「記・紀」神話のクライマックスのひとつともいうべき国譲りの場面で、高天原からの使者の切り札として稲佐浜《いなさのはま》に降り立ち、オオクニヌシ神に国譲りを迫る典型的な武神というイメージが一般的である。『古事記』にみえるタケミカヅチ神とタケミナカタ神の対決は、圧巻といえる。こうしたイメージが、『常陸国風土記』をみると一変してしまう。

『常陸国風土記』のカシマ大神

『常陸国風土記』をみると、不思議なことにタケミカヅチ神という神の名はでてこない。たとえば、香島郡の条には、

天《あめ》の大神《おおかみのやしろ》社・坂戸《さかとのやしろ》社・沼尾《ぬまをのやしろ》社、三処を合せて、惣べて香島天の大神と称ふ。

とあって、天の大神・坂戸神・沼尾神を総称して、香島天の大神とするとある。これらのうち、天の大神社が鹿島神宮にあたると思われる。とするならば、天の大神は鹿島神宮の祭神であるからタケミカヅチ神ということになろうが、『常陸国風土記』では、あくまでも天の大神となっている。

また、坂戸社と沼尾社に関しては、現在、両社とも鹿島神宮の摂社となっており、坂戸社は鹿嶋市山之上に、沼尾社は同市の沼尾にそれぞれ鎮座している。

天の大神・坂戸神・沼尾神の三神の総称である香島の天の大神について、『常陸国風土記』は興味深い伝承を残している。すなわち、香島郡の条をみると、

清《す》めると濁れると糺《あざな》はれ、天地の草味《ひらくる》より已前、

とあり、これは、天地開闢《てんちかいびゃく》の前の状態をいっている。その時期に、諸祖天神《かみるみかみるぎ》の二神が八《や》百万《およろず》の神々を高天原に集めて、

今、我が御孫命《みまのみこと》の光宅《しら》さむ豊葦原水穂国《とよあしはらみずほのくに》とのりたまひき。高天原より降り来し大神、名は香島の天の大神と称ふ。

坂戸神社（写真提供 鹿嶋市）

沼尾神社（写真提供 鹿嶋市）

といったとある。これによると、今、豊葦原水穂国を支配するのは御孫命であるといったとある。つまり、地上の支配者はニニギ命であると宣言したわけである。その宣言にもとづいて、地上を平定するために遣わされたのが、香島の天の大神ということになる。そして、その香島の天の大神とはどのような神なのかというと、

天にては則ち、日香島の宮と号け、地にては則ち、豊香島の宮と名づく。

と記されていて、「天」、すなわち、高天原ででも、「地」、すなわち、葦原水穂国においても香島の宮といわれているとしている。ここでも香島の神といういい方をしており、タケミカヅチ神とはいっていないのである。

では、この当時の葦原水穂国はどのような状態であったのかというと、この点についても『常陸国風土記』は、

豊葦原水穂国を依さしまつらむと詔りたまへるに、荒ぶる神等、又、石根・木立・草の片葉も辞語《ことど》ひて、昼は狭蠅なす音声ひ、夜は火の光明く国なり。此を事向け平定さむ大御神と、天降り供へまつりき。

という有り様であったと記している。すなわち、荒ぶる神たちが騒ぎ回り、石や木および一枚の草の葉までもが言葉を発し、昼は元気のよい蠅のようなうるささで、夜も煌煌《こうこう》とした明るさであったというのである。香島の天の大神は、こうしたいわばカオスの状態であ

った葦原水穂国に天降りして、平定の作業をおこなったわけである。

この伝承には、まず最初に「記・紀」の天地開闢神話の要素が入っている。そして、天孫降臨神話の要素も含まれている。しかし、「記・紀」神話の天孫降臨は、葦原水穂国の支配者であるオオクニヌシ神が国譲りに応じ、安全になったところへニニギ命が天降りするというストーリーになっているのに対し、『常陸国風土記』の場合にはそうではない。そのため香島の天の大神が荒ぶる神をはじめとする勢力を平定するための先払いとして天降ることになっている。その意味では、香島の天の大神の行為には、国譲り神話の要素があるといえるかもしれない。

いずれにしても、『常陸国風土記』の香島郡にみられるこの伝承は、「記・紀」神話と比較すると、さまざまな要素が入り混じっており、スマートさに欠けるといえる。しかし、ここに、伝承の土着性を見出すことも可能かもしれない。

荒ぶる神

『風土記』には、多彩な神々が登場するが、他とは少し異なるユニークな扱いを受けているものもある。たとえば、荒ぶる神がその例である。荒ぶる神というと、『古事記』や『日本書紀』の中でいわゆる出雲神話といわれている一連の神話に姿をみせるスサノオ神などを思い浮かべてしまうのではなかろうか。スサノオ神の高天原での乱暴などは、まさしく荒ぶる神の典型的な姿といえよう。しかしながら、『風土記』に登場する荒ぶる神は、荒々しい神ではあるが、交通妨害の神として描かれ、いわば『風土記』独特の神としてみられるのである。

その姿を具体的にみてみよう。まず、『肥前国風土記』の神埼郡《かんざきぐん》には、

昔者、此の郡に荒ぶる神ありて、往来の人多《さは》に殺害されき。

と記されている。神埼郡に荒ぶる神がいて通行人の多数を殺害するというのである。まさしく交通妨害の神であるが、どのくらい多くの旅人を殺すのかについては記していない。

しかし、『播磨国風土記』の神前郡生野《いくの》の条をみると、

生野と号くる所以は、昔、此処に荒ぶる神ありて、往来の人を半ば殺しき。

とある。つまり、荒ぶる神は、通行人の半分を殺すと記されている。この説話にはさらに記述があり、荒ぶる神がかくも多数の人を殺害したので、ここを死野とよぶようになったとある。それを応神天皇が、この地名は悪い名であるといって、生野と改めたというのである。すなわち、生野の地名由来なのだが、ここで荒ぶる神が通行人の五割を殺すとあるのは興味深い。

というのは、同じ『播磨国風土記』の賀古郡の鴨波里《あははのさと》にも、

此の里に舟引原あり。昔、神前村に荒ぶる神ありて、毎《つね》に行く人の舟を半ば留めき。

という記載がみられる。この記載は、舟が対象であるが、往来する舟の半分を行かせないというのであるから、やはり、五割の割合で通行を妨害するということになる。そこで、ここを通る舟はどうしたかというと、この地点を避けるために、大津江という所から川上にのぼり、賀意理多《かおりた》の谷を経由して林《はやしのみなと》潮へぬけるというずい分と遠回りをよぎなくされたという。

このように、肥前国や播磨国には荒ぶる神がいて、通行する人や船に危害を加えるという伝承があり、それらが無事に難を逃れる可能性は五〇パーセントとされていることがわかる。この五〇パーセントという数字が、当時の人々の感覚としてどう受けとられていたかについては明確に判断することは難しいが、鴨波里の条にみられるように、舟をわざわざ迂回させてまでも神前村を避けているところをみると、荒ぶる神は多くの人を殺す存在と認識され、恐れられていたというべきであろう。

肥前国には、さらに別の荒ぶる神の伝承をみることができる。基《き》肄郡の姫社郷《ひめこそごう》にみられるものであり、ここに山道川という川があったという。この川の西に昔、荒ぶる神がいて、路を行く人を多数、殺したとある。その数については、「半は凌《しの》ぎ、半は殺《し》にき」というありさまであった。やはり、通行人の五割が殺害されたことになっている。そこで、どうしてこのように旅人に祟るのかと占ったところ、筑前国宗像郡の人である珂是古《かぜこ》に荒ぶる神を祭らせるならば、神は荒ぶる心を起こさなくなるであろうという。さっそく珂是古を探し出し、荒ぶる神を祭ることにしたところ、まず珂是古は、荒ぶる神をどこに祭るかを決めるために幡を空中に放りなげ、祭ってほしい場所に落ちよと祈った。すると、幡が風のまにまに飛んでいき、御原郡の姫社に落ち、さらに舞い上がってこの山道川の辺に落ちたという。そこで珂是古は、荒ぶる神の居場所を知ったのである。その夜、珂是古は、機織りの道具が舞い踊る夢をみる。このことによって、荒ぶる神が女神であることを知ったという。これらのことを経て、姫社の地に神社を建立して荒ぶる神を祭ったところ、神は荒ぶることをしなくなったというのである。

川に関するものとしては、肥前国の佐嘉郡《さかぐん》にも荒ぶる神の伝承が残されている。ここでは、郡の西を流れる佐嘉川《さかがわ》の川上に荒ぶる神がいて、往来の人を「半ばは生かし、半ばは殺し」ていた。人々が占いの結果、土製の人形と馬形とを捧げて祭祀したところ、荒ぶる神はやわらいでそれ以後、通行人を殺すことはなくなったという。

播磨国にも荒ぶる神に類似した神を他にもあげることができる。揖保郡《いいぼぐん》にみられる出雲御蔭大神がそれである。この神は、枚方里《ひらかたのさと》の神尾山にいて、通行する人をいつもさえぎり、そのために、ここを行く人は「半ばは死に、半ばは生き」る状態であった。

この神に対しても、人々は祭ることによってやわらげようとしている。そのことは、揖保郡枚方里の佐比岡の伝承として残されている。ここでは、出雲御蔭大神は単に出雲大神とのみ記されている。この佐比岡の伝承をみると、出雲大神は女神であり、出雲国の人がここを通ると「十人の中、五人を留め、五人の中、三人を留め」たとある。そこで、出雲国の人々が佐比（鉏）を作ってこの岡に出雲大神を祭ったが、神はやわらがなかった。その理由は、最初この地にいた男神をあとから女神が追ってきたが、すでに男神は他へ去ってしまったというのである。その結果、女神は怨み怒る神となったとしている。しかし、この女神も結局、河内国茨田郡《まんたぐん》の枚方里からやってきた漢人によって敬い祭られてやわらいだとある。ここに登場する出雲大神は、荒ぶる神とは表記されていないものの、内容的にみて荒ぶる神と同質のものとみてよいであろう。

これら肥前国、播磨国の他にも『風土記』は荒ぶる神の存在を伝えている。たとえば、『筑後国風土記』の逸文には、麁猛神《あらぶるかみ》がみられる。この神は、筑前国と筑後国との境にある山の頂にいて通行人をさえぎり、

往来の人、半ばは生き、半ばは死にき。其の数極めて多かりけり。因りて人の命尽しの神と曰ひき。

というありさまであった。山の地形はというと、道がとても険しくて、さらに、道幅は狭

く、往来の人が乗っている鞍の下の敷物がすり切れてしまうほどであった。つまり、この麁猛神は国境の険しい山の頂上に鎮座していた。この神に対してもやはり、人々は占いをおこない、筑紫君らの祖である甕依姫《みかよりひめ》を祝《はふり》として祭ったところ、通行人は殺害されなくなったと記されている。

またこれ以外にも、『伊勢国風土記』の逸文である安佐賀社の条には、

時に安佐賀山に荒ぶる神あり。百の往人をば五〇人亡し、四〇の往人をば廿人亡しき。

とある。やはり、通行人の五割が殺されるとなっているが、一〇〇人の通行人のうち五〇人を殺すとあり、次に五〇人ではなく四〇人のうち二〇人を殺すとなっている点は、古代人の数の感覚として興味深い。

さらに、『摂津国風土記』の逸文である下樋山《したびやま》の条にも、荒ぶる神とみてよい不思議な神がみられる。

昔、大神あり。天津鰐《あまつわに》と云ひき。鷲と化為りて此の山に下り止まりて、十人往けば五人は去《ゆ》かし五人は留めき。久波乎《くはを》といふ者あり。此の山に来て、下樋を伏せて神の許に届《いた》り、此の樋の内より祈《の》み祭りき。是に由りて下樋山と曰《ころ》ふ。

これがその伝承であり、荒ぶる神とは表記されていないが、内容は荒ぶる神と同質とみてよいであろう。

また、『駿河国風土記』の逸文の、てこの呼坂《よびざか》の条にも岩木山に荒ぶる神がいたことが記されている。

以上のように、『風土記』の中の荒ぶる神は、そこを通行する人々に害を与え、その半数を殺してしまうというものである。荒ぶる神は、村や川の西や川上、または国境の山頂などといったいずれにしても通行人が避けて通ることが難しいという場所にいることが多い。つまり、荒ぶる神は交通の要衝を占めている神といえる。

また、荒ぶる神は、時として女神の場合もある。人々は荒ぶる神を祟り神として恐れ、占いの結果に従って敬い祭り、それによって祟りを解消しようとしている。

こうした荒ぶる神は『風土記』独特の神といえるが、かなりの広域にわたってみられることを考えると古代の地域に生きる人々にとっては、共通した認識であったようにも思われる。『風土記』の中で荒ぶる神は、あくまで昔のこととして記されているが、ここには境界などといった交通の要衝に対する当時の人々の意識が反映されているようにも感じられる。無事に川を渡る、山を越えるということの困難さが当時の人々に通行人の半ばをも殺す荒ぶる神の存在をイメージさせ、それを信仰の対象にさせたのかもしれない。

2 天皇とされた英雄

倭武《やまとたける》天皇

「記・紀」のヤマトタケル

『古事記』や『日本書紀』の中で、代表的な英雄として知られるヤマトタケルは、景行《けいこう》天皇の皇子として生まれ、名をヲウスノミコトと称したが、天皇の位にはついていない。皇位は、景行天皇のあとは、成務《せいむ》、仲哀《ちゆうあい》、応神《おうじん》と続き、さらに、仁徳《にんとく》へと受けつがれている。したがって、ヤマトタケルは当然のことながら「記・紀」では天皇とされておらず、「倭建命」とか「日本武尊」とかと表記されている。

ヤマトタケルは、父の命を受けて西へ東と征討を続け、東国からの帰途、伊勢において悲劇的な死をとげたとされる。

ヤマトタケルは伝説上の英雄にもかかわらず、知らない人がいないといってよいくらい有名である。しかし、『古事記』と『日本書紀』とを読みくらべてみると、両書にみられるヤマトタケル像には大きな相違がある。そもそも表記から違っている。ふつうヤマトタケルの表記として用いられる「日本武尊《やまとたける》」は、『日本書紀』にみられるものであり、『古事記』では「倭建命《やまとたける》」という表記が用いられている。こうした表記の面だけをみても、『日本書紀』の方が明らかに日本という国家意識が前面におし出されていることがうかがわれ、『古事記』の伝承の方がより素朴な形態をとどめているといってよいであろう。

　ヤマトタケルをとりまく系譜も、『古事記』と『日本書紀』とでは相違がみられる。『日本書紀』の景行天皇二年三月三日条をみると、ヤマトタケルは、景行天皇と皇后の播磨稲日大郎姫との間の皇子であり、正式な名は小碓尊《をうすのみこと》であり、兄に大碓尊《おうすのみこと》がいた。この二人は双子であり、兄弟としてはこの他にもう一人、稚倭根子皇子《わかやまとねこのみこ》がいた。

　これに対して、『古事記』では、櫛角別王《くしつのわけおおきみ》と神櫛王《かむくしのみこ》も兄弟としてあげられており、系

ヤマトタケルの系譜

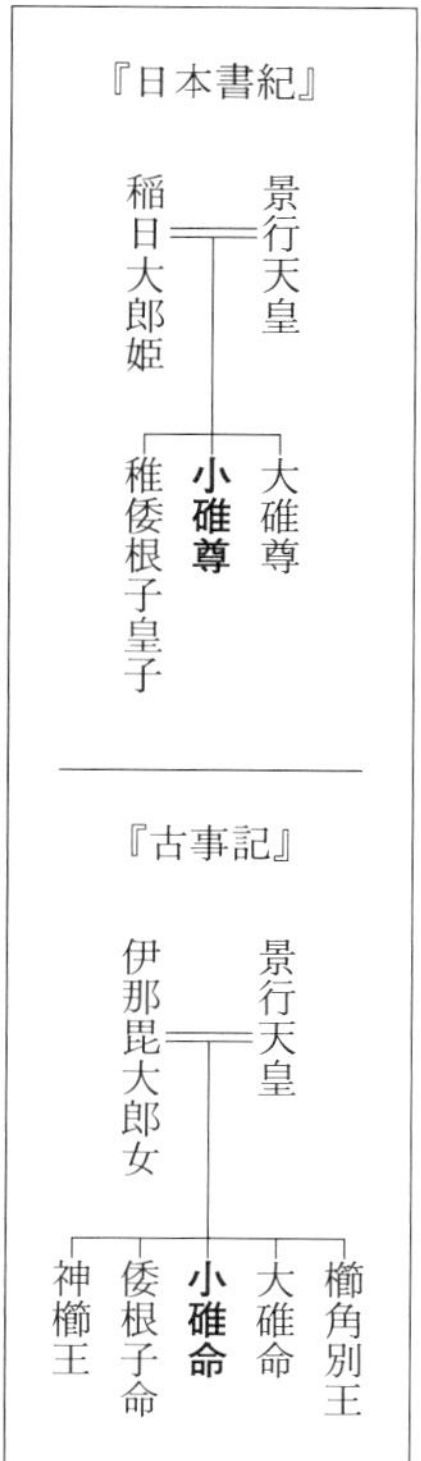

譜間の異同がみられる。

ヤマトタケルの西征・東征

ヤマトタケルは天皇の子でありながら、西へ東へと、反抗する者たちの平定に一生を追われた。まず、『日本書紀』の景行天皇二七年一〇月一三日条には、天皇の命をうけて、九州の熊襲《くまそ》を征討しに行く話がみられる。このときヤマトタケルは一六歳とある。熊襲国に着いたヤマトタケルは、女装して熊襲の川上タケルの酒宴にまぎれこむ。そして、酔った川上タケルの胸を剣で刺すのであるが、刺された川上タケルが日本武尊という名を奉ったことになっている。

熊襲を無事、征討したあと、ヤマトタケルは、帰途、吉備《きび》と難波《なにわ》とで荒ぶる神を殺して大和にもどるのであるが、『古事記』には、熊襲平定のあと、出雲へ向かい出雲タケルを倒す伝承を載せている。

熊襲の平定をなしとげたヤマトタケルは、次に蝦夷《えぞ》を征伐するために東へ向かうことになる。時に景行天皇四〇年一〇月のことである。ヤマトタケルは、途中、伊勢神宮に立ち寄り、倭姫命《やまとひめのみこと》から草薙剣《くさなぎのつるぎ》を授けられる。その後、駿河《するが》にいたり、ここで賊にあざむかれ、あやうく焼き殺されそうになるが、草薙剣のおかげでからくも逃れ、逆に逆賊たちを

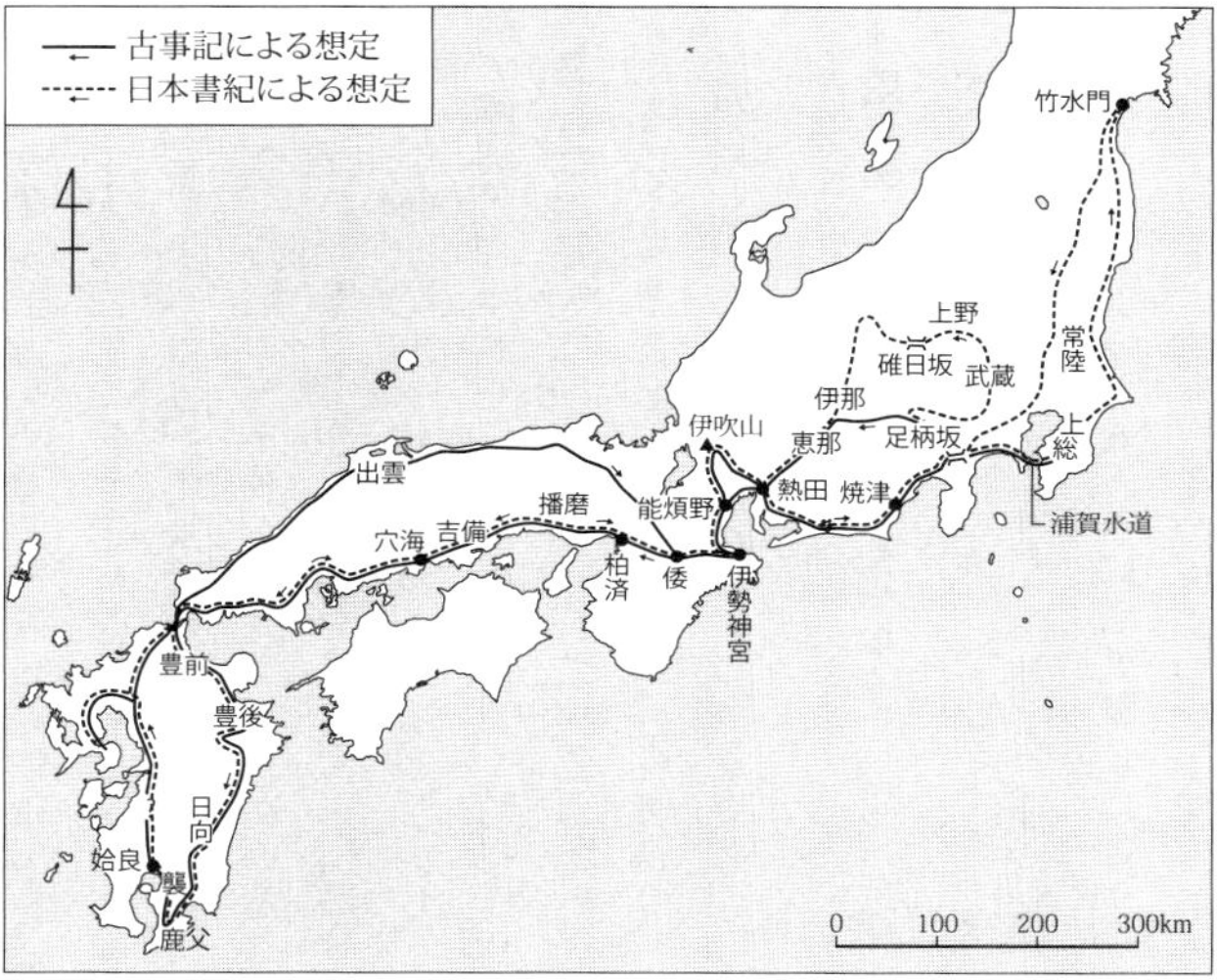

ヤマトタケル征討関係図

滅ぼしてしまう。その場所が焼津である。ついで、相模《さがみ》に進みそこから上総《かずさ》へ渡ろうとしたが、途中で暴風が起こり、船が進まなくなってしまう。そのときヤマトタケルに同行していた弟橘媛《おとたちばなひめ》が自ら入水して暴風を静めることになる。ここが馳水《はしりみず》である。ようやく上総に上陸したヤマトタケルは陸奥《むつ》へと軍を進め、さらに、海路を使い蝦夷の地域まで到達した。蝦夷の賊首の島津神《しまづかみ》・国津《くにつ》神《かみ》らは竹水門で防戦しようとしたが、勝てないとさとって降服した。

　蝦夷平定を終えたヤマトタケルは、日高見国《ひだかみのこく》よりもどり、常陸を経て甲《か》斐《い》にいたり酒折宮《さかおりのみや》に宿泊した。そして、武蔵・上野《こうずけ》をめぐって碓日坂《うすいのさか》に出て、信濃へでた。ここで、ヤマトタケルは山の神の化身である白鹿を殺し道に迷うことになるが、白犬によって助けられ美濃へといたる。さらに、尾張へ行き、尾張氏の娘である宮簀媛《みやずひめ》をめとってしばらく滞在することになる。そこで、近江の五十葺山《いふきやま》に荒ぶる神がいることをきき、剣を宮簀媛の家へ置いたまま山へむかうが、霊力をひめた剣を持たずに出かけたヤマトタケルはさんざんな目にあい、やっとの思いで尾張へもどるのである。しかし、宮簀媛の家へは入らず伊勢へ向かい尾張を経て能褒野《のぼの》で生涯を終えるのである。時にヤマトタケル三〇歳であった。そして、死後、白鳥となって天に昇ったとされている。

まさに、英雄としてふさわしい生涯であり、死んだあとの白鳥への変身というのも常人とは異なり、なにか聖的なイメージを感じさせる。

『風土記』のなかのヤマトタケル

「記・紀」にみられるヤマトタケルは、熊襲平定、そして、蝦夷征討というように、日本列島を西へ東へとめまぐるしく行動し、戦いに明け暮れる一生は英雄の中の英雄といえる。それは、天皇（大王）にも匹敵するといってよいくらいである。しかし、いうまでもなく、ヤマトタケルは景行天皇の皇子ではあるが、即位はしていない。

『風土記』に登場する天皇（数字は登場回数）

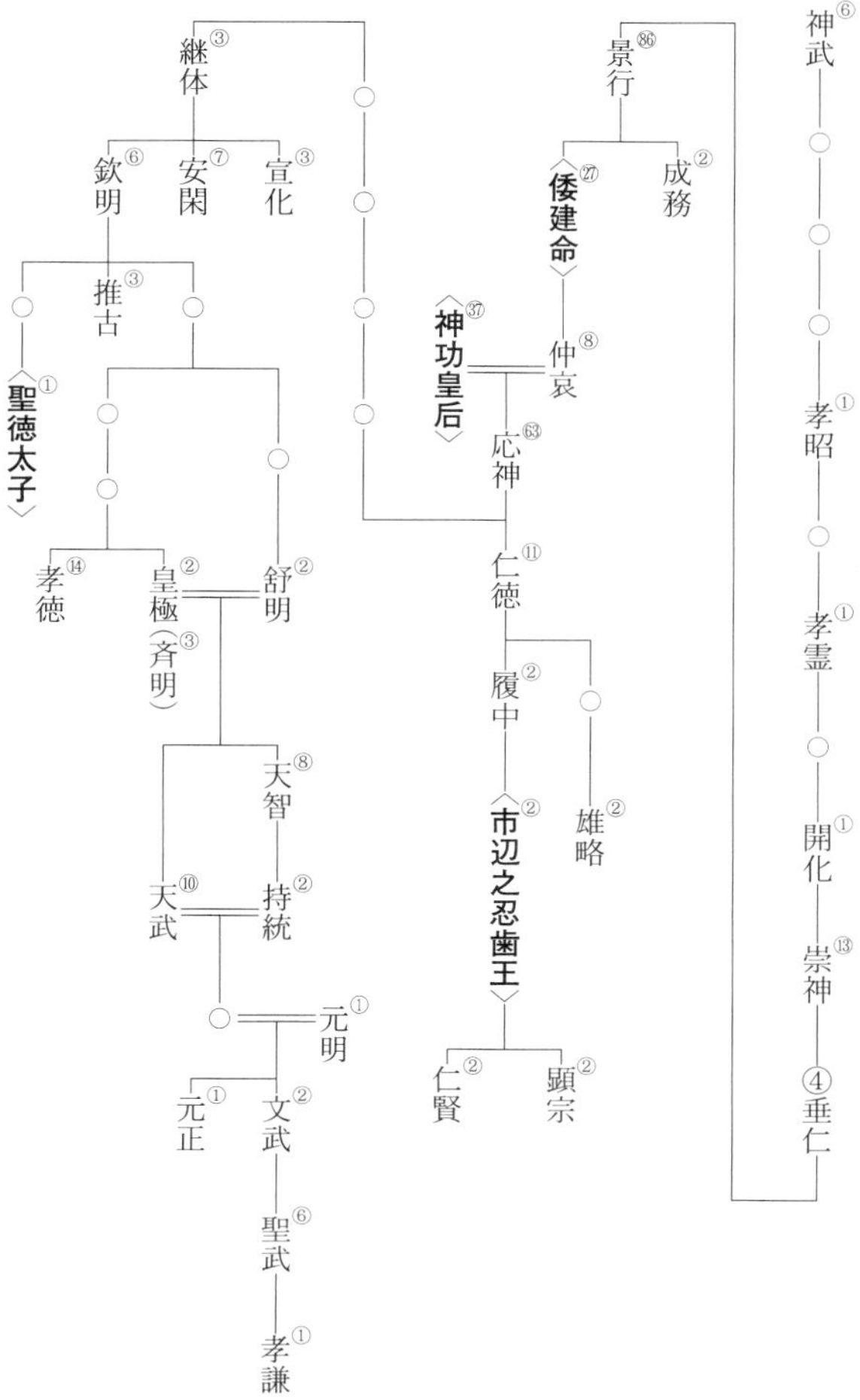

しかし、奈良時代の前半に国ごとにまとめられた『風土記』をみると、その中には天皇としてのヤマトタケルの姿をみることができる。『風土記』には、このように「記・紀」では天皇とされていない人物を天皇としている場合が何例かあり、ヤマトタケルもその中の一人といえる。

もちろん、すべての『風土記』がヤマトタケルを天皇としているわけではない。ヤマトタケルは、『風土記』のうち、常陸・出雲・肥前といった国々のものに姿をみることができ、さらに、逸文として残存している尾張・陸奥・美作《みまさか》・阿波《あわ》の『風土記』にも姿を留めている。これらの『風土記』に登場するヤマトタケルは、「記・紀」の中にみられる姿とはずい分と異なっており、独自の世界観を形成しているといってよい。

まず、具体的にヤマトタケルの表記をみてみると、『日本書紀』の表記である「日本武尊」を用いているものが、『肥前国風土記』に三例、『尾張国風土記』逸文・『陸奥国風土記』逸文・『美作国風土記』逸文に各々一例ずつの合計六例がみられる。また、『古事記』の用例である「倭建命」はというと、現存する『風土記』の中には、同じ表記を見出すことはできない。しかし、類似のものとして、『出雲国風土記』に「倭健命」という表記がみられる。

出雲国の場合、出雲郡の健部郷の地名起源として出てくるもので、

纏向檜代宮《まきむくのひしろのみや》に御 宇《あめのしたしら》しめしし天皇、勅りたまひしく、「朕が御子、倭健命の御名を忘れじ」とのりたまひて、健部《たけるべ》を定め給ひき。

と記載されている。つまり、景行天皇が自分の子である「倭健命」、すなわち、ヤマトタケルの名を忘れないために、「健部」を設置したとしている。この部は、ふつう建部と表記され、武部ともされ、通説としてヤマトタケルの名にちなんだ部といわれている。しかし、これは名称の類似からきたもので、実際は軍事的な職務を担当した部といわれている。

さらに、『尾張国風土記』の逸文をみると、「日本武命」という表記もみられる。この表記も、『古事記』『日本書紀』の表記にはないものであるが、似ている面もあるということができる。

興味深いのは、『阿波国風土記』の逸文であり、具体的に勝間井《かつまゐ》の条をみるならば、

勝間井の冷水、此より出づ。勝間井と名づくる所以は、昔、倭健天皇命、乃ち、大御櫛笥を忘れたまひしに依りて、勝間といふ。粟人は、櫛笥をば勝間と云ふなり。井を穿りき。故、名と為す。已上

とあり、「倭健天皇命」という表記がなされている。『古事記』の表記と似ているが、何よりも注目されるのは「天皇」という表記が入っていることである。ヤマトタケルは述べたように即位はしていない。それなのに、ここでは、天皇号をつけてよばれているのである。

『風土記』にみられるヤマトタケルの表記

表記	国名
日本武尊	肥前・尾張 陸奥・美作
日本武命	尾張
倭健命	出雲
倭健天皇命	阿波
倭武天皇	常陸

それでは、こうしたヤマトタケルに天皇号をつけて表記するのは、『阿波国風土記』の特殊性かというとそうでもないのである。『常陸国風土記』の巻首にも、

> 倭武天皇、東の夷の国を巡狩《めぐりみそな》はして新治県を幸過《すぎいでま》ししに、国造毗那良珠《ひならす》命を遣はして、新に井を掘らしむるに、流泉《いずみ》浄く澄み、尤好愛《いとめづら》しかりき。

とある。さらに、『常陸国風土記』には、この事例の他にも全部で一三カ所にわたって、「倭武天皇」の表記と伝承とがみられる。『常陸国風土記』の中においては、ヤマトタケルは完全に天皇として扱われているといえる。

『風土記』は、いうまでもなく律令政府の命令によって作成された公文書である。したがって、「記・紀」において即位が記されていないヤマトタケルを「天皇」と表記することは、原則としてありえないことのように思われる。それにもかかわらず、『風土記』の中にヤマトタケルを「天皇」として扱うものがあるということは大変、興味深いことといわざるをえない。

現存する『風土記』では、みたように常陸と阿波の二カ国のみからしかヤマトタケルを「天皇」としている例を見出せないが、これは、簡単にはいえないことであるが、『風土

記』の残存状況からきているのかもしれない。いずれにしても、検討すべき余地が残されているといえよう。

編纂者の視点

この点については、各々の『風土記』の編纂者の方針が反映されていることも考えなくてはならないであろう。『風土記』の編纂者としては、諸国の国司や郡司たちが中心であったから、ヤマトタケルに天皇という表記を用いるか否かについては、彼らの認識が反映されているともいえる。このように考えると、『常陸国風土記』の場合、編纂者はヤマトタケルを完全に天皇ととらえており、時の政府もそれに対して問題はなかったということになる。

『常陸国風土記』の編纂者としては、断定はできないものの藤原宇合、高橋虫麻呂、石《いし》川難波麿《かわのなにわまろ》などがあげられている。その中でも藤原宇合は有力とされている。藤原宇合は、奈良時代前期の政治をリードした藤原不比等の子であり、藤原四子の一人である。正三位参議にまで昇進したが、養老三年（七一九）ごろから同六・七年ごろにかけて常陸国守であった。

『常陸国風土記』については、成立年は不明であるが、先述したように養老二年以前には骨子ができあがっていたといわれ、宇合がそうしたいわば草稿に手を加えたのではといわれている。宇合は、また一方では九州諸国の『風土記』の編纂にも関与したといわれている。というのは、九州の『風土記』は、宇合が西海道節度使となった天平四年（七三二）以降、数年の間に大宰府においてまとめられたとされているのである。つまり、宇合は常陸国と九州諸国の『風土記』との双方の編纂に関係した人物と考えられている。そして、両者の『風土記』の内容的な面において、

①文人趣味が顕著にみられること。

②古老の伝承を重視していること。

③里程についての記載がおおまかなこと。

などの共通点が指摘できるのは、宇合の存在が影響しているためと推測されている。

こうした説は、今日ではかなり一般化しており、いわば通説といってよいものと思われる。しかし、ヤマトタケルの表記についてのみとりあげるならば、この点に関して問題がないわけではない。それは、すでにみたように、『肥前国風土記』では日本武尊という表記が使われていて、常陸国にみられるような〝天皇〟という表記がなされていないからである。

『肥前国風土記』に日本武尊という表記がみられる理由としては、九州諸国の『風土記』

が『日本書紀』を参考にしているためであるといわれている。また、九州の『風土記』が大宰府で一括編纂されたということを考慮するならば、こうした表記は、九州の『風土記』全般についてあてはまることといえる。この点では、ヤマトタケルを〝天皇〟として扱う『常陸国風土記』とは編纂方針に大きな相違があるといわざるを得ない。

五風土記と「記・紀」

◎712年	『古事記』の完成
◎713年	全国に『風土記』作成の命 ⇩ 数年のうちに、常陸国・播磨国完成か（※阿波国も）
◎720年	『日本書紀』の完成
◎733年	『出雲国風土記』の成立、ほぼ同じころ、肥前国・豊後国完成か

『風土記』の編纂時期をめぐって

『常陸国風土記』などが、なぜヤマトタケルを〝天皇〟扱いすることができたのかという点について、断定的なことはいえないながらも、それぞれの『風土記』の成立年が関係しているのではないかとも思われる。『風土記』の中で成立年が明確なのは、天平五年（七三三）の『出雲国風土記』のみである。しかし、五風土記に関しては、常陸国と播磨国は作成の命が出された和銅六年（七一三）から数年の間の成立といわれ、肥前国と豊後国については、出雲国とほぼ同時期とされている。これに、七一二年成立の『古事記』と七二〇年成立の『日本書紀』を組み込むとひとつの仮説が成り立つように思われる。それは、『古事記』によって、歴代の天皇がひととおり決定し、『日本書紀』によって確定したとする考えである。このようにとらえれば、『常陸国風土記』において、ヤマトタケルが天皇として扱われていることに矛盾はなく、出雲国・肥前国・豊後国には天皇となっていないことにも齟齬を感じないことになる。

神功皇后とその伝承

伝説的な女傑

神功《じんぐう》皇后は、仲哀天皇の皇后であり、応神天皇の母として知られる。といっても、現在、神功皇后のことを知っている人はあまり多くはないかもしれない。しかし、第二次世界大戦に敗れる以前の神功皇后の知名度は、今では想像のつかないくらい高く、特に明治時代以降には、日本史上で最も有名な女性の一人といっても過言ではなかろう。その理由は、ひとえに神功皇后がおこなったとされる新羅《しらぎ》征伐、すなわち朝鮮半島の平定によっている。

神功皇后の新羅征伐は、歴史的事実というより伝承であり、神功皇后の存在についても現在では架空とみなす説が有力と思われる。そうした神功皇后、および皇后の新羅征伐を近代以降の日本が受け入れたのは、国家が進めた朝鮮半島への侵略の正当性をいうために他ならない。つまり、近代国家によって神功皇后に求められたものは、新羅を平定したと

浮世絵に描かれた神功皇后の新羅征伐

いう伝承に他ならないのである。

神功皇后の勇ましい姿は、浮世絵の題材にもとり入れられたが、とりわけ興味をひかれるのは、明治時代になって紙幣や切手になっている肖像画である。特に、紙幣については、女性で肖像画に採用された最初の例でもあり、明治政府がいかに神功皇后のことを重要視していたかがうかがわれる。しかし、その肖像画は、まるで西洋の貴婦人そのものである。なぜ、神功皇后が西洋風のたたずまいをした貴婦人に描かれたのかというと、その原画を作成したのがキヨソネであることに起因する。キヨソネは、明治政府から招かれたお雇い外国人であり、もちろん神功皇后のことを知るよしもなかったであろう。そこで、思いついたのが、西洋風の貴婦人ということになる。その姿は、わたしたちからみると、まことに奇異に映るが、文明開化を進めた明治という時代では、これもまた、スーパー・レディの神功皇后像としてありえた

紙幣の中の神功皇后（写真提供 国立印刷局お札と切手の博物館）

のであろう。

いずれにしても、神功皇后像の原点は、「記・紀」の伝承にあるが、『風土記』の中にも、「記・紀」とはまた異なった神功皇后像がみられる。それは、『風土記』の中では、神功皇后を「天皇」扱いしているものがあるということである。これらの相違について、まず、「記・紀」にみられる神功皇后をとりあげ、ついで、『風土記』にみられる事例について考えてみたい。

「記・紀」の神功皇后

『古事記』と『日本書紀』とにみられる神功皇后は、大筋においては共通しているといってよいが、細部では異なる点も多い。まず、『古事記』に登場する神功皇后についてみてみよう。

仲哀天皇は熊襲を征伐しようとして、筑紫《つくし》の訶志比宮《かしいぐう》で神託をきこうとしたとき、神功皇后が神がかりして、西の方に金銀などの豊かな国があるといい、神はそれを与えようと託宣を下した。しかし、仲哀天皇はそれを信ぜず、神の怒りをうけて亡くなってしまう。そこで、神功皇后は新羅平定をおこなうことになるが、そのときの様子はというと、海の魚たちは浮かびあがってきて軍船をかつぎ、風は追い風がふき、波が新羅に向かって押し寄せたというのである。そのため、新羅の国土の半分が沈んでしまった。新羅王はこれは勝てないとみてあっさり降伏し、百済《くだら》王もそれにならった。ここには、戦いらしい戦いはまったく記されていない。

ついで、『日本書紀』をみると、仲哀天皇が即位して九年目の九月に群臣に熊襲征討のことをはかったとき、神功皇后に神がかかり、熊襲より豊かな新羅を討つようにといった。しかし、仲哀天皇はそれを信じず、熊襲征伐を強行した。その結果、結局は勝利を得ることができず、大和へもどったが、翌年の二月に病にかかり急死した。これは、ひとえに神託をききいれなかったからであるという。また、一説によるとして、仲哀天皇は、熊襲平定のさい、敵の矢にあたって戦死したとも記している。天皇が戦いの最中に戦死するというのは、異例中の異例といってよいであろう。

その後、神功皇后は、新羅征伐に向かうことになる。すると、『古事記』と同様に、風の神は風を起こし、大魚は船をかつぎ、楫を使わないでも軍船は新羅に着いたというのである。それをみた新羅王は、東方に日本という神国があり、天皇という聖王がいるときいている、といい、さらにその国の神兵にはとても勝てないといって即座に降伏してしまったというのである。すると、百済と高句麗も降伏してここに三韓は共に神功皇后の軍門に下った。

以上が神功皇后による三韓平定伝承のあらましであるが、『日本書紀』には、こうした本文の他に別伝承をひとつ載せている。それは、新羅王をとらえ、海辺につれ出し、膝の骨を抜いて石の上にはらばいにさせ、その後、斬殺して砂の中に埋めたというのである。そして、一人の者を宰《くにのみこともち》に任じ駐留させた。新羅王の妻は、王の埋葬場所を言葉たくみに宰からきき出し、新羅の人たちの協力のもと宰を殺害してしまう。さらに、宰の屍を土に埋め、その上に新羅王の棺を置き、こうすることが尊卑の秩序にかなっているといいはなった。それを聞いた天皇は大軍を派遣したので、新羅の人びとは恐れ、王の妻を殺して謝罪したというのである。

このように、『古事記』も『日本書紀』もおおよそ同じ内容であり、朝鮮半島にあっという間につき、即座に新羅王が降伏し、百済王・高句麗王もこれにならったと記されている。そこには当然、あってよさそうな戦闘の様子などは一切みられない。このことはとりもなおさず、この伝承が創作されたもので、歴史的事実ではないことをものがたっていると考えられるのである。

『風土記』と神功皇后

『風土記』をみると、神功皇后の名は、常陸国から日向国まで、全部で一〇カ国にわたって三七例を確認することができる。内容的には、三韓征討に関するものがほとんどであり、それらはいずれも「記・紀」の内容を踏襲しているといってよい。しかし、興味をひかれるのは、『風土記』の伝承のうち三カ国に、神功皇后を天皇もしくは、皇后の名を使って息長帯《おきながたらし》比売《ひめの》天皇と表記したものがみられることである。いうまでもなく、神功皇后は「記・紀」においては天皇にはなっていない。

天皇扱いしている事例について、具体的にみるならば、『播磨国風土記』の讃容《さよ》郡《ぐん》の中川里の条に、

苫編首《とまみのおびと》等の遠祖、大仲子《おほなかつこ》、息長帯日売命《おきながたらしひめのみこと》の韓国《からくに》に度り行でまししし時、船、淡路の石《いは》

神功皇后の登場例

国名	回数
常陸	2例 ※息長帯比売天皇の用例あり
播磨	11例 ※天皇の用例あり
摂津	6例 ※息長足比売天皇・天皇の用例あり
備前	1例
伊予	2例
土佐	2例
筑前	6例
肥前	5例
豊前	1例
日向	1例
計	37例

屋《や》に宿りき。その時、雨風大きに起り、百姓尽く濡れき。時に、大中子《おほなかつこ》、苫《とま》を以ちて屋を作りき。天皇、勅《の》りたまひしく、「此は国の富たり」とのりたまひて、即ち、姓を賜ひて、苫編首と為したまひき。仍《よ》りて此処に居りき。故、仲川里《なかつがはのさと》と号く。

とある。ここでは、神功皇后は一回目は息長帯日売命という名前で登場しているが、つぎには「天皇」と表記されている。内容的には、韓国へ向かう途中とあるから、三韓征伐へおもむくときのことである。次の伝承も、やはり、三韓征伐に関係するものである。逸文として残されているものであり、『摂津国風土記』の美奴売松原《みぬめのまつばら》の条である。これによると、美奴売というのは神名であり、もともと能勢《のせ》郡の美奴売山にいたという。それに続けて伝承には、

昔、息長帯比売天皇、筑紫国に幸しし時、諸の神祇《かみたち》を川辺郡の内の神前の松原に集へて、福を求《ね》ぎたまひき。時に、此の神も亦同じく来集ひて、「吾も亦、護佑りまつらむ」と曰ひて、仍ち諭ししく、「吾が住める山に須義《すぎ》の木木の名なりあり。宜しく、伐り採りて、吾が為に船に造れ。則ち此の船に乗りて行幸さば、当に幸福あらむ」といひき。天皇、乃ち神の教の随に、命せて船を作らしめたまひき。此の神の船、遂に新羅を征ちき。

と記されている。ここには、神功皇后は「息長帯比売天皇」・「天皇」と表記されており、

伝承の内容は三韓征伐に関わるものである。すなわち、美奴売神が自分も他の神々と同様に神功皇后を護ることを宣言し、さらに、自らが鎮座している山の杉を使って船を造り、その船でことをなすのであれば常に神の加護があるといったのである。そして、神功皇后は、その船に乗って新羅を伐ったとある。

神功皇后を天皇扱いしている残りの二例は、直接的には三韓征伐がらみではない。一例は、『摂津国風土記』の住吉の条である。ここでは、「息長足比売天皇の世」として、住吉大神が出現して、天下を巡行し住む場所を探し回り、住吉に鎮座したとなっている。『風土記』にみられる天皇名の現われ方は、その天皇が実際に国見や狩や開発などをおこなう場合と伝承の時代を特定するために天皇名の下に世がついてでる場合の二通りがあり、住吉の条はいうまでもなく後者にあたる。住吉神は、神功皇后が三韓征伐をおこなった際に現われて加護したとされる神であり、そのつながりで住吉の条に神功皇后が登場したのであろうとされている。

もうひとつの事例も時代の特定といってもよいものである。それは、『常陸国風土記』の茨城郡の条であり、

茨城国造が初祖、多祁許呂命《たけころのみこと》は息長帯比売天皇の朝《みかど》に仕えて、品太天皇《ほんだすめらみこと》の誕《あ》れましし時までに至れり。

とある。この伝承は、多祁許呂命が、神功皇后の朝廷に仕えたというもので、いつから仕えたのかは明記していないものの、応神天皇が生まれるまでの間であるといっている。

いずれにしても、神功皇后が天皇として扱われていることは明らかであり、『常陸国風土記』の場合、ヤマトタケルを「倭武天皇」として完全に天皇とみなしていることとあいまって興味深い問題点といえるであろう。

市辺天皇

悲劇の皇子

市辺天皇とは、『古事記』では市辺《いちのべ》之《の》忍歯《おしは》王、『日本書紀』では、市辺押磐皇子と表記される人物であり、履中《りちゅう》天皇の皇子ではあるが、「記・紀」をみると即位のことは記されていない。それどころか、皇位争いにからんで、従兄弟の大長谷王《おおはつせのみこ》によって暗殺されてしまっている。しかし、市辺之忍歯王の子である意祁《をけ》王・袁祁《おけ》王は、からくも播磨へ逃れ、のちに二人とも仁賢《にんけん》天皇・顕宗《けんぞう》天皇として即位している。

悲劇的な死をとげた市辺之忍歯王であるが、『播磨国風土記』にも名がみられ、そこでは天皇という表記が用いられている。『播磨国風土記』は、神功皇后も天皇扱いしていて、興味深い『風土記』であるが、市辺之忍歯王についても同様のことがいえ、「記・紀」との間に大きな差異をみせている。

「記・紀」にみえる市辺之忍歯王

まず、『古事記』に登場する市辺之忍歯王は、明るく快活でものおじのしない性格の人物として描かれている。安康《あんこう》天皇が暗殺されたあと、後継者をめぐって皇子たちが争っているとき、最も存在感をみせつけたのは、大長谷王であった。結局は、この大長谷王が勝ち残り、雄略《ゆうりやく》天皇になっていく。

市辺之忍歯王は、いわば雄略天皇の犠牲になったわけであるが、『古事記』と『日本書紀』とでは、ニュアンスに少し違いがみられる。『古事記』では、雄略天皇が淡海の久多《くだ》綿《わた》の蚊屋野《かやの》での狩に市辺之忍歯王を誘ったとある。目的地に到着して、各々、仮宮を造り一泊することになる。翌朝、まだ日の出前だというのに、市辺之忍歯王は、もう馬に乗って雄略天皇の仮宮へやってきて、早く起きて狩に行こうといって、さっさと行ってしまった。別に深い意味などなかったが、この市辺之忍歯王の言動は、雄略天皇側の警戒するところとなり、雄略天皇は衣の中に鎧を身につけ、弓矢をもち馬で追いかけた。そして、追いつきざまに、市辺之忍歯王を射殺してしまった。さらに、死体を切り刻み、飼い葉桶にいれ、墓についても古墳を造らなかったとある。

その後、意祁王・袁祁王は難を逃れ、播磨で身を隠し、馬飼・牛飼に身分を落として生きのびたことになっている。

この『古事記』の記述をみると、たしかに雄略天皇の残虐さは感じるものの、それは王者の用心深さや決断力、冷酷さというように考えることもできるのではなかろうか。そのように考えるならば、市辺之忍歯王のほうはいかにも無防備というほかないように思われる。まず、皇位をめぐって皇子たちが争っているさなかに、ライバルから狩の誘いをうけて、それに応じるというのは少し軽率といわれても仕方ないのではなかろうか。また、狩場での行為も用心がなさすぎるように思われる。すなわち、夜が明ける前に雄略天皇の仮宮に押しかけ、天皇側の準備もできていないうちに狩へ出かけよう、といって出発してしまうのは、あまりにも不意であり、配慮に欠けているといわざるを得ず、何か企みがあるのではないかと思われてもやむをえないようにも思われる。したがって、『古事記』のこの叙述は、読み方によって、市辺之忍歯王と雄略天皇のとらえ方に微妙な相違がでてくるのではなかろうか。

一方、『日本書紀』の記述はというと、冒頭で述べたように市辺之忍歯王は市辺押磐皇子と記されている。そして、市辺押磐皇子は、前天皇の安康から後継者に指名されていたというのである。このことは、天皇位をねらう雄略にとっては絶対に阻止しなければならないことであった。そこで狩に誘ったというのである。ここからは、雄略の謀略がすけてみえる。すなわち、当初より雄略天皇は市辺押磐皇子を殺害しようとして狩へつれ出したことになる。

そして、狩の最中、雄略天皇は、猪がいたと大声を発し、市辺押磐皇子を射殺してしまったとある。皇子に仕えていた佐伯部売輪《さえきべのうるわ》は驚きあわてて取り乱し、大声を出して皇子の死体のあたりを徘徊したので雄略天皇によって殺されてしまった。

この『日本書紀』の記事をみると、自分の即位のためにライバルを殺害する雄略の残忍さのみが強調されている。そのため市辺押磐皇子は次々に殺された皇子たちの一人にすぎないという印象になり、存在感の薄い皇子といわざるをえない。こうした『日本書紀』の記述の背景には、ひとえに市辺押磐皇子が天皇にならなかったことが大きく原因しているように思われる。

そのことと関連するかと思われるが、市辺押磐皇子の子で、のちに顕宗天皇・仁賢天皇になった二人の皇子については、かなり詳しい記述が残されている。すなわち顕宗天皇即位前紀条によれば、二人の皇子は父が殺害されたことを知り、人目を避けるようにしていた。二人は、日下部連《くさかべのむらじ》使主《おみ》とその子の吾田彦《あたひこ》に守られて秘かに丹波国の余社郡《よさのぐん》へと逃れた。しかし、使主は自分の行為が発覚するのを恐れて、播磨国の縮見山《しじみのやま》の石屋に逃げて、そこで自殺してしまった。二人の皇子は、播磨国の赤石郡《あかしぐん》に移り、縮見の屯倉《みやけ》の長である忍海部造《おしぬみべのみやつこ》細目《ほそめ》に仕えた。その数年後、細目が新築の祝いをしている時に、播磨国司の伊予来目部小楯《いよくめべのおだて》がその宴に出くわした。二人の皇子のうち弟(顕宗天皇)は、今こそ自分たちの身分を明かそうというが、兄(仁賢天皇)の方は煮え切らなかった。結局、弟が自分たちの身分を明かすと決め、二人は宴の雑用をするため細目のところへ向かった。そこで燭《ひ》をともす役をしていると、細目は小楯に二人の皇子の人品賤しからぬ性格を説明しほめたたえたのである。すると、小楯は二人に祝いの舞いをするように命じた。兄弟は互いに譲り合ってぐずぐずしていたが、小楯にせき立てられ、結局、兄が舞い、次いで弟が舞った。弟は舞いのあと歌をうたい、そこで自分たちは、市辺宮で天下を統治した天万国押磐尊《あめよろずくにおしわのみこと》の子である、と明かす。それをきいた小楯は驚いて何度も拝礼してお仕えした。そして、都へ参上して時の天皇であった清寧《せいねい》に報した。そこで、清寧天皇は二人を迎え入れたというのである。

二人の皇子は、のちに天皇になったのであるから、即位までの事情を記すのは当然のことといわれるかもしれないが、このように播磨への逃避行、その後の苦労話、都へ迎えいれられるまでの経緯が詳しく述べられているのである。

『播磨国風土記』にみられる市辺天皇

市辺押磐皇子は、『風土記』の中でも、播磨国のものに登場する。その理由は明らかで、二人の子の逃避先が播磨だったからに他ならない。『播磨国風土記』の美嚢郡《みなぎぐん》の志深里《しじみのさと》にみられる「市辺天皇」の表記も、二人の子の伝承の中に登場している。具体的に伝承の内容をみるならば、二人の子がこの地へきた理由として、

汝《そ》が父、市辺天皇命、近江国の摧綿野《くだわたの》に殺されましし時、日下部連意美《おみ》を率て、逃れ来て、惟の村の石室に隠りましき。然る後、意美、自ら重き罪なるを知りて、乗れる馬は、其の勒《たづな》を切り断ちて逐い放ち、亦、持てる物、桉《くら》等は、尽に焼き廃てて、即て経き死にき。

と記している。この内容は、「記・紀」とほぼ同じといってよいであろう。このあとの内容を追うならば、

爾《ここ》に、二人の子等、彼此に隠り、東西に迷ひ、仍ち、志深村の首、伊等尾の家に役《つか》はれたまひき。伊等尾が新室の宴に因りて、二人の子等に燭《ひとも》さしめ、仍りて、詠辞《ながめごと》を挙げしめき。

とあって、ここも「記・紀」と大むね同様といってかまわないであろう。これを受けて伝

承では、二人の子のうち弟が新築を祝う歌をうたい、そこに自分たちの身分を明かす「市辺天皇が御足末、奴僕らま」という言葉を入れたのである。御足末とは子孫ということであり、自分たちは市辺天皇の子であることを主張したのである。これによって、人びとは平伏したという。

さらに、このことは山門《やまと》の領《つかさ》として派遣されていた山部連《やまのべのむらじ》少楯《おたて》の知るところとなり、さっそく少楯は都へのぼり、二皇子の母である手白髪命《たしらかのみこと》に報告した。その結果、二皇子は都へ迎え入れられたというのである。この部分は、人名やその表記に異同があるものの、内容的には、やはり、「記・紀」と同じである。

いずれにしても、『播磨国風土記』には、市辺天皇という表記がみられるわけで、この点をどのようにとらえるかは、「倭武天皇」や「息長帯比売天皇」とともに興味深い問題といえよう。

第三章　五つの『風土記』の世界

『常陸国風土記』の特殊性

現在、わたしたちは、ふつうに『風土記』とよんでいるのであるが、実は作成の命令が記されている『続日本紀』の和銅六年（七一三）五月二日条には、第一章でものべたように、〈風土記〉という単語は一切でてこない。そこには、地名に好い字をつけよ、という要請をはじめとした五つの要求が記されているばかりなのである。〈風土記〉という名称は、中国からの流入と考えられるが、和銅六年の段階では書名としてはでてこないのである。

それでは、『風土記』という名はいつごろから使われるようになったのかというと、平安時代の初めごろからといわれている。たとえば、三善清行の「意見封事十二箇条」をみると、その中に『風土記』という言葉が記されている。三善清行は、学者として有名で、菅原道真のライバルともいう存在で、文章博士となった。延喜《えんぎ》という年号は、三善清行の進言によるものである。晩年には参議・宮内卿にまで昇りつめた。その三善が延喜一四年（九一四）に、時の天皇である醍醐《だいご》天皇に地方政治のゆるみを論じた意見書を差し出したのが「意見封事十二箇条」である。『風土記』という名称がみられるのは、『備中国風土記』を引用した部分であり、臣、去る寛平五年、備中介に任ぜられき。彼の国の下道郡に邇磨郷あり。爰に彼の国の風土記を見るに、皇極天皇の六年、大唐の将軍、蘇定方、新羅軍を率て百済を伐ちき。（後略）

とあり、三善清行が寛平五年（八九三）に備中国の介（国司の次官）に任用されたときのことが述べられている。その中で、「彼の国の風土記」とあって、『風土記』の名称が使われている。これが、書名として『風土記』を用いた早い例とされている。すなわち、書名として『風土記』という名称が用いられたのは一〇世紀はじめごろからと考えられる。

つまり、第一章でもふれたが、和銅六年（七一三）の段階では、政府は『風土記』という名の書物の作成を各国に求めていたわけではなく、五つの具体的な点についてのレポートを諸国に課しているのである。それでは、和銅六年（七一三）の官命を受けた諸国では、どのような形式で政府に報告書を提出したのであろうか。この点については、『常陸国風土記』が重要な手がかりを与えてくれている。具体的には、下級官庁から上級官庁への上申文書の形式である解《げ》（解文）として提出されていたと考えられる。『常陸国風土記』の冒頭に関してはすでに述べたとおりで、

常陸国司解す。古老の相伝ふる旧聞を申す事。

とある。そこには『常陸国風土記』という名称はみあたらない。すなわち、もともとは、

『常陸国風土記』は、解という形式で政府に上申されたものであったということがうかがわれるのである。このように、冒頭に解ということが明確に記されているものは、『常陸国風土記』だけであるが、他の『風土記』もおそらく同様であったであろうと推測される。

また、『常陸国風土記』には、興味深い記述もみられる。それは、一般的には天皇とされない人物に対して、天皇号をつけている場合があることである。このことについては、第二章のヤマトタケルの項でものべたが、同じところでとりあげた神功皇后についてもあてはまる。

神功皇后は、皇后とよばれているように、仲哀天皇の皇后とされる女性であるが、その実在性をめぐってはさまざまな意見があり、現在ではむしろ、伝説上の人物と考えられている。しかし、太平洋戦争に敗北するまでは、大変、有名な女性であった。それは、ひとえに神功皇后が朝鮮半島を征服した女性であったからである。『古事記』や『日本書紀』によると、仲哀天皇が、九州の熊襲を征討しようとしたとき、神功皇后が神がかりをして新羅（朝鮮半島）を伐てと託宣した。しかし、天皇はそれを信じなかったために亡くなってしまう。そこで神功は、腹に子供（のちの応神天皇）がいたのにもかかわらず、朝鮮半島へ出兵し、半島をまたたくまに平定したという。まさに、女傑というのにふさわしい人物であるが、『古事記』や『日本書紀』には、戦いの様子とか経過とかについてはまったく記されていない。これはあまりにも大ざっぱであり、こうしたことの理由に関しては、神功皇后の朝鮮平定が歴史的事実でなかったからと考えられている。しかし、近代以降の日本の朝鮮半島への侵略のひとつのよりどころとして、神功皇后は偉大なヒロインになっていくのである。

『風土記』にも神功皇后の姿がずい所にみられ、そのほとんどは、朝鮮半島の平定にまつわる伝承である。そして、それらの中に、神功皇后を天皇としているものがみられるのである。たとえば、『常陸国風土記』の茨城郡の条には、

茨城国造が初祖、多祁許呂命は息長帯比売天皇の朝に仕えて、品太天皇の誕れまししし時までに至れり。

とある。これは、直接的に朝鮮半島平定に関わる伝承ではないが、ここにみられる「息長帯比売」とは神功皇后の名にほかならない。その名から、生命力にあふれた女性というイメージが伝わってくる。その朝廷にタケコロ命が仕えたとあり、ここからは、まさしく神功皇后が天皇として扱われていることがうかがわれる。

神功皇后を天皇として扱っている『風土記』は常陸国のみではなく、播磨国や摂津国の『風土記』にもみることができるのであるが、その類例は決して多いとはいえない。その点からも、『常陸国風土記』がもつ特徴のひとつといってよいであろう。

『播磨国風土記』と応神天皇

『風土記』のなかには、神武から孝謙《こうけん》までの多くの天皇の名がみられるが、その中でも景行天皇、そして、応神天皇は他の天皇と比べると圧倒的に登場回数が多い。登場回数は、数え方で若干の差異が生じるが、景行天皇が八六回、応神天皇が六三回にのぼる。もちろんいうまでもないことであるが、これらの天皇が、該当する『風土記』の国々に実際にきたという保証はまったくない。

応神天皇像

それらのうち、応神天皇に注目してまとまった形で残っている五つの『風土記』を対象に分布をみると、『常陸国風土記』と『肥前国風土記』に一カ所ずつみられる以外は、すべて『播磨国風土記』に集中している。しかも、常陸国と肥前国の場合には、応神自身の伝承が具体的に語られているものではない。したがって、『風土記』のなかで、応神天皇の伝承がみられるものは、『播磨国風土記』のみといってもよいことになる。

『播磨国風土記』の中で応神天皇は、品太天皇の名で姿をみせ、伝承の内容は大きくいって三つのパターンに分類することができる。第一は国見であり、第二は数の上では最も多い狩猟、第三は開拓である。

まず、国見についてみると、餝磨郡《しかまぐん》の大立丘《おおたちのおか》の条に、

品太天皇、此の丘に立たして、地形《くにがた》を見たまひき。

とある。これなど典型的な国見といえる。また、同郡の高瀬村の条には、

品太天皇、夢前丘《いめざきのおか》に登りて、望み見たまへば、北の方に白き色の物ありき。勅《の》りたまひしく、彼は何物ぞとのりたまひて、即《やが》て、舎人《とねり》、上野国の麻奈毗古《まなひこ》を遣りて察《み》しめたまふに、申ししく、高き処より流れ落つる水、是なりとまをしき。

とある。応神が供をつれて夢前丘に登って周囲をみわたしたというのである。すると、北方に白色のものがみえたので、舎人に確かめさせたところ、滝の流れ落ちる情景であったというものである。

このように、神や天皇が小高い丘に登り、四方をみわたす行為が、すなわち、国見である。このとき、国見をおこなった者がみわたした土地をほめることもよくある。ここから、国ぼめともいわれる。国見や国ぼめをおこなう理由は、四方を見たりほめたりすることによって、そのエリアを支配できるからである。ここから国占《くにじめ》ともよばれる。したがって、天皇にとって国見は、単なる遊興ではなく、王者としてなさなければならないもののひとつなのである。もう一例、揖保郡《いいぼぐん》の大見山《おおみやま》の条をみるならば、

品太天皇、此の山の嶺に登りて、四方を望み覧《み》たまひき。故、大見といふ。御立せし処に磐石あり。高さ三尺ばかり、長さ三丈ばかり、広さ二丈ばかりなり。其の石の面に、往々、窪める跡あり。此を名づけて御沓、及、御杖の処といふ。

と記されている。これも典型的な国見の例といえる。さらに、大見山の条で興味をひかれるのは、この山の嶺に応神が立ったという石があり、石には沓や杖の跡まで残されているとある点である。大見山の伝承は、あくまでも伝承にすぎないが、山の嶺にある石の上にすっくと立って四方を眺める応神の姿をイメージさせられる。

ついで、狩猟をする応神の姿をみてみよう。狩猟に関する伝承は、応神が登場するものの中で最も件数が多い。狩猟も支配者にとって楽しみであると同時に、やらなくてはならないことがらのひとつであった。つき従う人たちをつれて狩をし、そこで得た動物を食べるという行為は支配者として欠かすことのできないものであった。つまり、そこで得たものを食べるということで、そのエリアの支配権をも得るということである。もし、獲物を食べそこなった場合は、そのエリアの支配に失敗したということになるのである。また、狩猟の場で従者たちと一緒に食べる、つまり、共食も重要なことであった。共食は、ただ共に食べるということに留まらず、天皇などの支配者を頂点とした共同体の一員であり、決してそこからは逃れられない、ということを意味している。したがって、支配者にとって、共食という行為は欠かすことのできないものであった。後の世の話であるが、戦国大名が戦いに出た陣中で、家臣たちと一緒に食事をとるのも意識的には同じと思われるし、卑近な例でいうと、アニメの「サザエさん」でマスオさんが勤務先の海山商事の部長さんにときおりランチを一緒にしようと誘われるのも同様といいうと少しいいすぎであろうか。

それはともかく狩猟の例にもどると、餝磨郡の小川里に、

英馬野《あかまの》と号くる所以は、品太天皇、此の野にみ狩したまひし時、一つの馬走り逸《に》げき。勅《の》りたまひしく、誰が馬ぞとのりたまひき。侍従等、対へていひしく、朕が君の御馬なりとまをしき。即ち我馬野と号く。

という記載がある。応神が狩に出たとき、一頭の馬が逃げだしたという。誰の馬か、と問いただした応神に、つき従っていた者たちは天皇の馬であるといったというのである。さらに、これに続けて、

是時、射目を立てし処は、即ち射目前と号け、弓折れし処は、即ち檀丘《まゆみおか》と号け、御立せし処は、即ち御立丘《みたちをか》と号く。

と記している。ここからは、狩の際の射目人《いめひと》、すなわち、射手の存在がうかがわれる。加えて、射手が放った矢が飛び交い、時には弓が折れたりもし、それを応神が見晴しのよい丘の上に立ってみている、といった光景も目に浮かんでくる。

また、揖保郡の鈴喫岡《すずくいおか》の条には、

品太天皇の世、此の岡にみ田《かり》したまひしに、鷹の鈴堕落ちて、求むれども得ざりき。

とあって、狩に鷹をつかっていたことがうかがわれる。すなわち、ここでの狩は鷹狩とみてよいであろう。この伝承では、その鷹に鈴がつけられていたとあり、鷹とはいえ何やらチャーミングな感じもしないではない。

託賀郡《たかぐん》には、勇ましい猟犬の伝承が残されている。それは伊夜丘《いやをか》の条であり、

品太天皇の獦犬《かりいぬ》名は麻奈志漏《まなしろ》、猪と此の岡に走り上りき。天皇、見たまひて、射よとのりたまひき。故、伊夜岡といふ。此の犬、猪と相闘ひて死にき。

と記されており、応神の猟犬が猪とたたかって死んだとある。この犬は、麻奈志漏という名前であったことも記されている。恐らくは白い犬であったのであろう。麻奈志漏の死んだときの様子については、同郡の目前田《まさきだ》の条に、

天皇の獦犬、猪に目を打ち害《さ》かれき。

とあり、猪の一撃によって目を打ち裂かれてしまったのが死因のようである。この目前田の条の次にみられる阿多加野《あだかの》の条には、

品太天皇、此の野にみ狩したまひしに、一つの猪、矢を負ひて、阿多岐しき。

とある。一頭の猪が矢を受けて、うなったとある。この猪は、麻奈志漏を殺した猪であっ

たのであろうか。こうして射とめた獲物については、同郡の阿富山《あふやま》の条に、
　朸《あふこ》を以ちて、宍を荷《にな》ひき。

とあることからもわかるように、棒に猪などをくくりつけて運び、野外での共食に用いられたのであろう。

　応神に関する伝承の最後のパターンは開拓である。これにあてはまるものとしては、餝磨郡の漢部里多志野《たしの》の条があげられる。

　品太天皇、巡り行でましし時、鞭を以ちて此の野を指して、勅りたまひしく、彼の野は、宅を造り、及、田を墾るべしとのりたまひき。

これがその伝承であり、自らが鞭を使って強い口調で指示を出す応神の姿が描かれている。こうした強烈なリーダーシップをもった応神像は、神前郡《かむざきのこおり》の蔭山里《かげやまのさと》の条にもみることができる。

　爾《ここ》に、道を除ふ刃鈍りき。仍りて勅りたまひしく、磨《と》、布理許《ほりこ》とのりたまひき。

道路をきり開いていた応神が、使っていた道具の切れあじが鈍ったので、砥石を掘ってもってこいと命じている。ここにも開拓のために自ら行動する応神の姿をみることができる。

　『播磨国風土記』にいかに応神天皇が頻繁に登場するかをみてきた。これらは、いずれ

も仮託されたものであり、歴史的事実を示すものではない。しかし、『播磨国風土記』の特徴としてはみのがせない点といえよう。

ほぼ完本として残る『出雲国風土記』

奥付が語るもの

奈良時代に作られたであろう六〇ほどの『風土記』の多くは、散失してしまっていてほとんどみることのできない状態の中で、『出雲国風土記』は特別といってもよいであろう。それは何といっても分量の面からいえる。内容的にほぼ完全本に近い形で残っているというのであるから驚異的といってよいほどである。そのことは、わたしたちにさまざまな情報を提供してくれる。たとえば、奥付の存在である。書物の最後の部分には、誰がいつこれを作ったかが明記されるのが一般的である。これは現在にもいえることである。その奥付が『出雲国風土記』には現存しているのである。ちなみに、他の『風土記』にはいずれも奥付は残っていない。

現在、日御碕《ひのみさき》神社に伝存されている『出雲国風土記』の写本の奥付をみると、

天平五年二月卅日　勘造す

秋鹿郡の人　神宅臣金太理

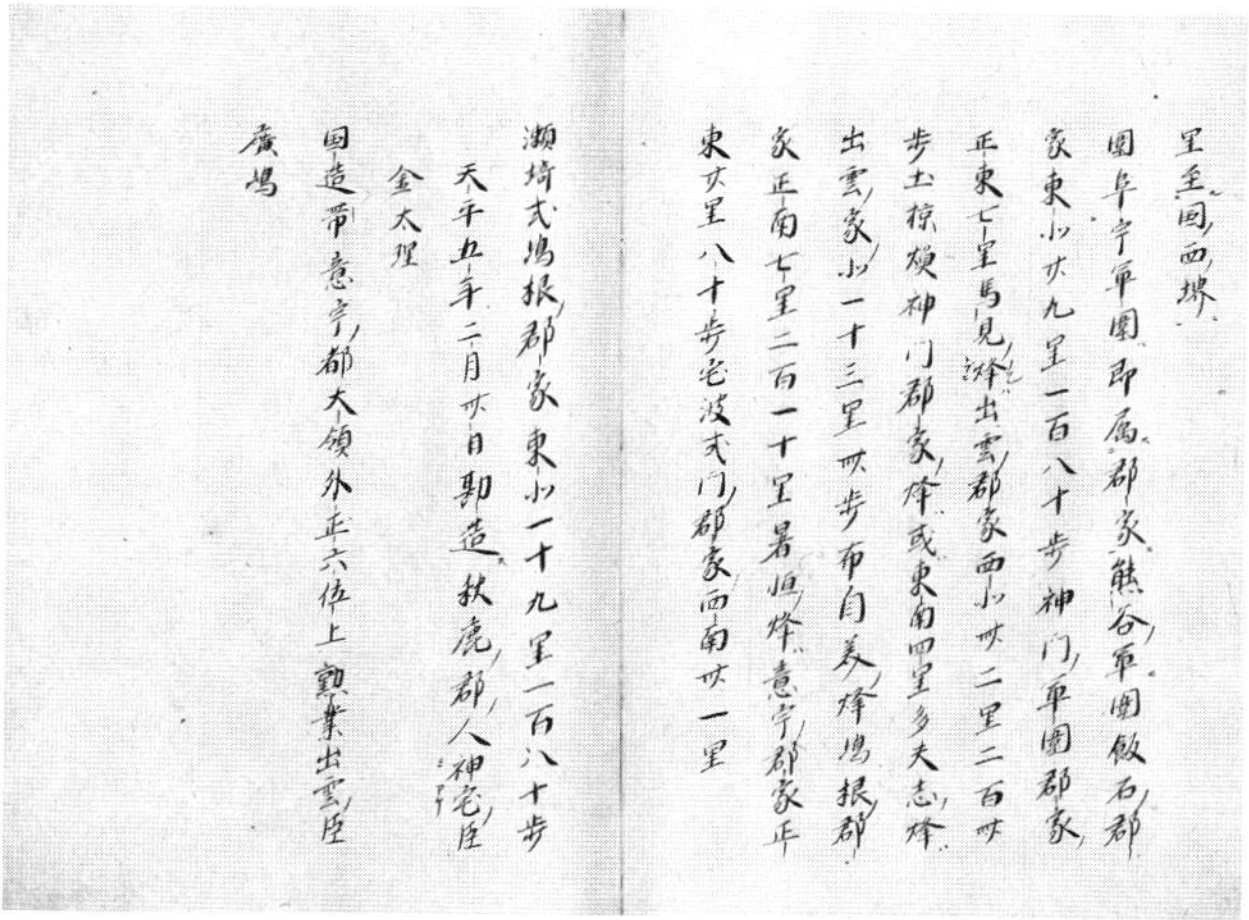

『出雲国風土記』（日御碕本）奥付（日御碕神社蔵）

国造にして意宇郡の大領を帯びたる
外正六位上勲業出雲臣広嶋
となっている。ここにみられる勲業は勲十二等の誤りといわれている。興味深いのは、完成年についてである。奥付には天平五年とある。これは、七三三年にあたり、『風土記』の作成が全国に命じられてからちょうど二〇年後ということになる。この二〇年という年月をどのようにとらえるかは、今はもう個人的な感想以外のなにものでもない。つまり、朝廷から命令がでてから二〇年も完成にかかるというのはいくら何でも遅すぎるとみるか、当時のインフラ整備の状況などを考慮すると二〇年くらいはかかるであろうと判断するかでまったく考えが異なってくる。研究者たちの間でも、二〇年の間に一回作られたものが再度、作成されたとする説、すなわち、二回作られたという説が出されている。さらにいうと、二回とも国司たちの主導で国庁で作られたという再撰説と一回目のものは国司たちによって作成されたが二回目は出雲国造が中心になって編纂したとする私撰説の二通りの説がみられる。その一方で、二回作られたという明確な証拠がない以上、やはり、二〇年かかって『出雲国風土記』はできたのであろうという説もある。

さらに、第一章でものべたように、二月卅日という月日も問題である。二月三〇日に『出雲国風土記』は成立したというのであるが、いうまでもなく二月に三〇日は存在しない。こうしたことを理由にして戦後、『出雲国風土記』は偽書であるという説が出され人々を驚かせたことがあった。この件については、偽物はひとつも入っていないとされる正倉院から二月三〇日付の文書がみつかり、奈良時代には二月三〇日という日付があったことが証明され一段落ついた。

奥付に顔をみせる神宅臣金太理《みやけのおみかなたり》の正体もよくわからない。秋鹿郡の人と記されているところをみると、島根半島の中央部のあたりの出身とわかる。また、臣という姓《かばね》をもっているから庶民ではないと考えられる。しかし、位階や官職が記されておらず、これらはなかったと思われる。このように考えていくと、ますます神宅臣金太理という人物は、謎につつまれていくが、郡司クラスの家柄の出身で地理・歴史に詳しく、『出雲国風土記』の編纂委員長のような役割を果たしたのではないかと思われる。

奥付の最後に名がみられる出雲臣広島《いずもおみひろしま》もどのように考えてよいか難しい。出雲臣広島は出雲国造であり、杵築《きづき》大社（出雲大社）の宮司をつとめる一方、意宇《おう》郡の郡司の長官である大領でもあった。その人物が奥付に名をつらねていることは、ふつうに考えるとおかしいといわざるをえない。というのは、そもそも『風土記』は朝廷から諸国に対して作成が命じられたものである。したがって、その命を受けたのは国司たちと考えられる。したがって、国司の長官である国守が中心となって編纂されるというのが自然である。しかし、『出雲国風土記』の場合には、国司の姿がまったくみられない。奥付をみてもしかりである。したがって、『出雲国風土記』の編纂に際しての最高責任者は出雲国造の広島と考えられる。

出雲臣広島は、意宇郡の大領でもあるから、『出雲国風土記』の編纂にあたって、重要なスタッフの一員であったであろうことは、十分に肯定できる。『出雲国風土記』を開くと、郡毎に郡司の署名がみられる。この点からも郡司たちが自分たちの郡の実質的なまとめ役として機能していたことは明らかである。こうした郡司たちの役割については、何も『出雲国風土記』のみに限らず、諸国の『風土記』についてもあてはまることであろう。

しかし、他の『風土記』の場合、郡司はあくまでも国司のもとでの活動であり、郡司が他の地域の郡司や国造の命で『風土記』の作成にあたるというのは、異例としかいいようがない。

出雲臣広島が、『出雲国風土記』の全体の編集責任者であることは、奥付の署名からも明らかであるが、意宇郡の郡司の署名をみると、

郡司　主帳　　无位　海　臣
少領　従七位上　勲十二等　出雲臣
主政　外少初位上　勲十二等　林　臣
擬主政　无位　出雲臣
无位　出雲臣

となっており、他の郡、たとえば島根郡が、

郡司　主帳　无位　出雲臣
大領　外正六位下　杜部臣
少領　外従六位上　杜部石臣
主政　従六位下　勲十二等　蝮朝臣

となっているように、本来ならば当然、署名するはずの長官である大領の名が欠けている

ことからもうかがうことができる。
また、これらの郡司の署名をみると、氏名と姓しか記されておらず、名が欠けている。このことから、現存する『出雲国風土記』は、朝廷へ提出されたものではなく、同様の内容のものを国庁に留めおいた副本ではなかったかともいわれている。

軍事的内容の記載をめぐって

また、『出雲国風土記』には、和銅六年（七一三）の官命には要求されていないことがらも記載されていることをとりあげておきたい。すなわち、『出雲国風土記』の巻末には軍事上の重要事項がまとめられている。これは、巻末記と称されるものの一部である。巻末記には、はじめに出雲国の東西および南北に通う公道とその里程が記載されている。次いで、

意宇軍団　即ち郡家に属《つ》けり。
熊谷軍団　飯石の郡家の東北廾九里一百八十歩なり。

として、各地の軍団を列挙している。さらに、それに続けて、

馬見烽　出雲の郡家の西北卅二里二百卌歩なり。
土椋《とくら》烽　神門の郡家の東南一十四里なり。

多夫志烽　出雲の郡家の正北一十三里卅歩なり。
布自枳見烽　島根の郡家の正南七里二百一十歩なり。
暑垣烽　意宇の郡家の正東廾里八十歩なり。

というように、五つの烽《とぶひ》について記し、その後、

宅枳戍　神門の郡家の西南卅一里なり。
瀬埼戍　島根の郡家の東北一十七里一百八十歩なり。

として、二カ所の戍《まもり》を記載している。

これらの軍事的要素については、『風土記』作成の命には要求されていないが、これは『出雲国風土記』が成立した天平五年（七三三）の前年に出された節度使《せつどし》の任命記事と無関係ではないといわれている。奈良時代の歴史を叙述した正史である『続日本紀』の天平四年（七三二）八月一七日条をみると、

正三位藤原朝臣房前を東海・東山二道の節度使と為す。従三位多治比真人県守を山陰道の節度使と為す。従三位藤原朝臣宇合を西海道の節度使と為す。

とあり、山陰道の節度使として多治比真人県守《たじひのまさひとあがたもり》が任命されている。これは、新羅との関係悪化が背景にあると考えられ、『出雲国風土記』の軍事的記載も節度使との関連でとらえてよいであろう。

八世紀の出雲の神祇制度

最後に神祇《じんぎ》制度をみてみよう。出雲といえば、出雲大社が思い浮かび、その祭神としてオオクニヌシ神を連想する人も多いであろう。

現在、日本には八万八千社以上の神社があるといわれている。寺院は七万五千寺あまりとされている。ちなみに比較の対象になるかどうかわからないが、コンビニエンスストアが全国で五万五千店舗以上というから寺院はそれよりもはるかに多く、神社はさらにそれを超える数ということになる。それでは古代の日本列島には、どれくらいの神社があったかというと残念ながら詳しいことはなかなかわからない。一〇世紀の初めにまとめられた『延喜式』の段階でようやく旧国別の神社の数を知ることができる。すなわち、『延喜式』の巻九・巻一〇は一般に神名帳とよばれ、そこには国ごとに全部で二八六一の神社が列挙されている。ちなみに出雲国の場合、一八七社が記載されている。しかし、これらはいずれも官社として認められた神社ばかりである。当然のことながら、どの国にも官社として認められていない神社も多くあったはずである。この数については不明としかいいようがないのである。

こうした状況下にあって、『出雲国風土記』は大きな力を発揮する。それは、総記をみると、合せて神社は三百九十九所なり。
一百八十四所神祇官に在り。
二百一十五所神祇官に在らず。

とあって、当時、出雲国の神社数は三九九社であると明記している。さらに、それらのうちの一八四社は神祇官の台帳に把握されている神社（神祇官社）であり、二一五社は神祇官が認めていない神社（非神祇官社）ということまで記されている。ここでいう神祇官社とは、中央

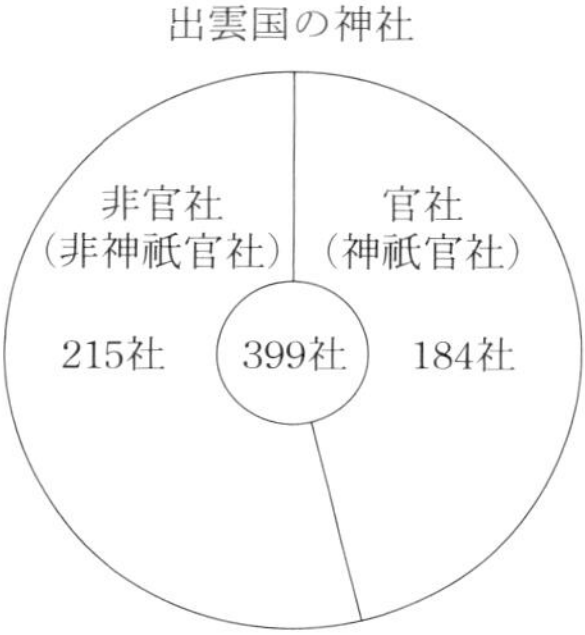

官庁の神祇官が承認している神社、すなわち官社ということになる。つまり、出雲国の場合には、『出雲国風土記』があるおかげで、他の国々よりも二世紀も早い段階での官社の数をしることができる。そして、八世紀前半では一八四社であった官社が一〇世紀前半には一八七社となっており、数的には三社の増加がみられるといった比較をすることもできるのである。さらに、『出雲国風土記』には官社とされていない神社が二一五社もあり、こうした非官社の実数がわかるのは出雲国だけということになる。

このように、神社という点にスポットをあてても、『出雲国風土記』がもつ情報量のすごさを実感することができるが、出雲国内の神社のヒエラルキーについては、より複雑な

様相をうかがいしることができる。そもそも『出雲国風土記』に記されている神社には、祭神が一神ずつ鎮座しているとされている。とするならば、三九九社には合わせて三九九神が鎮座していることになる。これらのうち、天の下造らしし大神とたたえられるオオクニヌシ神とクマノ大神・サダ大神・ノギ大神の四神のみが「大神」と称せられている。したがって、これらの四神と他の三九五神との間には、当然のことながら差があると考えられる。それではこの四大神が尊ばれる理由は何かというと明確にいうことはなかなか難しい。しかし、各々の神をひとつずつみると、オオクニヌシが天下を造った大神というういわば全体的な大神であるのに対して、クマノ・サダ・ノギの三神はいずれも地域名プラス大神という表記になっていることに気がつく。つまり、四大神は、オオクニヌシとクマノ・サダ・ノギの二グループに分けることが可能といえよう。そして、クマノ・サダ・ノギのグループは出雲国の東部に鎮座しているのに対して、オオクニヌシは西部に鎮座している。こうした点をどのようにとらえたら

出雲国の四大神

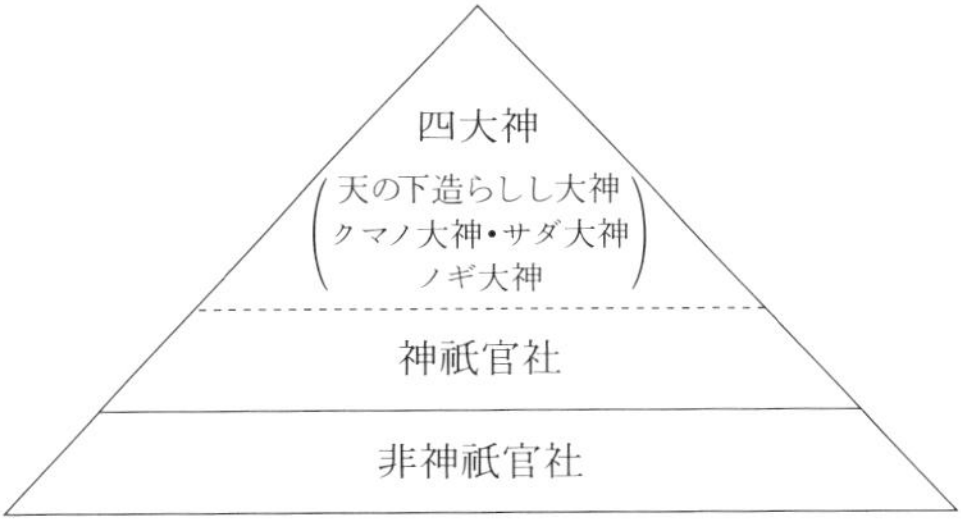

二大社と四大神

四大神	①クマノ大神〈熊野大社〉 ②天の下造らしし大神〈杵築大社〉 （出雲大社）	二大社
	③サダ大神〈佐太御子社〉 ノギ大神〈野城社〉	

よいのであろうか。この点について、出雲国造である出雲氏の本貫とからめて考えたらよいのではないかと思う。

というのは、出雲氏は出雲大社のある島根半島の西部に居住する以前に、出雲の東部の意宇平野を基盤にしていたとされる。クマノ大神の鎮座地は、まさしく意宇平野の南端にあたり、出雲氏が祭っていた神といわれている。そうした視点でみるならば、ノギ大神は東端の境界神、サダ大神は北端の境界神の役割を果たしているといってよいように思われる。

それに対して、オオクニヌシ神につけられた「天の下造らしし大神」というよび名は、他の三大神と同じようにとらえることができないように思われる。天の下を造ったということは、とりもなおさず出雲全域を掌握したということに他ならない。とするならば、出雲氏が、出雲の東部から勢力を次第に拡大し、出雲全域を支配した段階で西部の神として鎮座していたオオクニヌシ神の祭祀権をとりあげて出雲全土の神（天の下造らしし大神）として出雲氏が祭祀をおこなうようになったと考えられる。

また、四大神のなかでも、オオクニヌシ神とクマノ大神がそれぞれ鎮座する杵築大社と

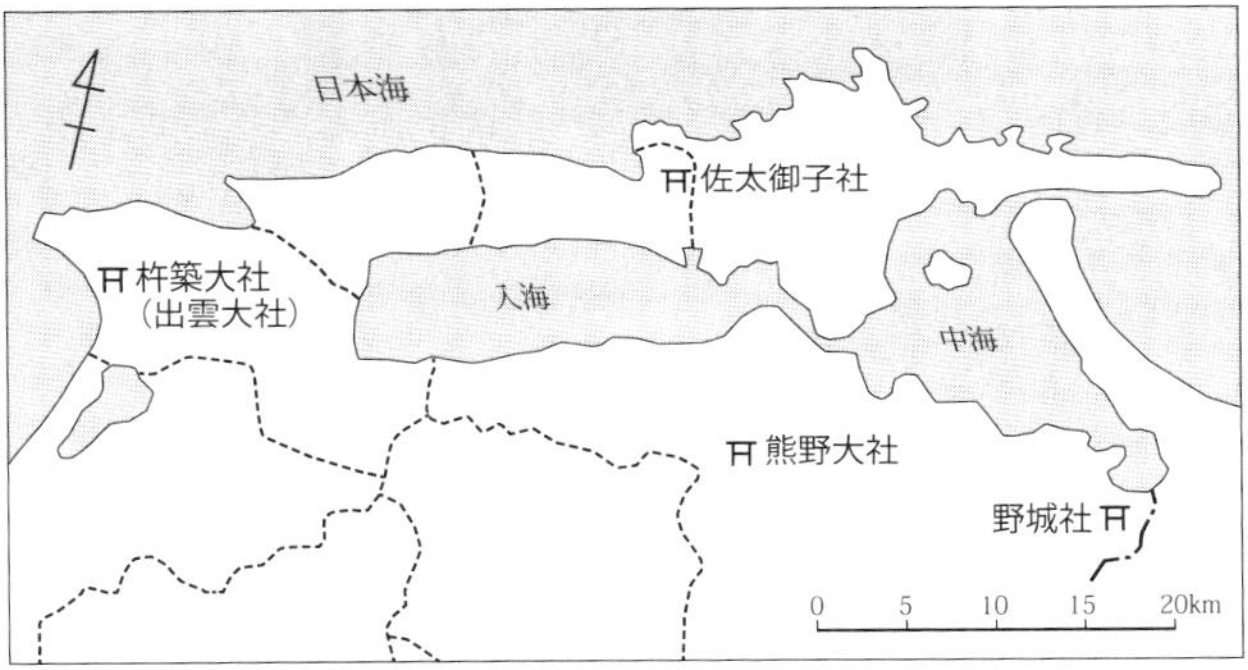

四大社の鎮座地

熊野大社のみは、「大社」と表記される。したがって、四大神の中でも、オオクニヌシ神・クマノ大神とサダ大神・ノギ大神の間には格差があったといえよう。つまり、『出雲国風土記』の中では、三九九神（社）あるうち、オオクニヌシ神とクマノ大神は、「四大神・二大社」という特別な扱いをうけていることがわかる。さらに、オオクニヌシ神とクマノ大神が登場するさいには、つねにクマノ大神の方が先に記され、そのあとオオクニヌシ神がでてくることなどから、『出雲国風土記』では、まずクマノ大神が第一の神であり、オオクニヌシ神はその次と位置づけられていたといわれている。オオクニヌシ神が第一の神でないことは、何か不思議な感じがするが、この点に関しては、クマノ大神が天神なのに対して、オオクニヌシ神は国神であるためともいわれている。

しかし、『出雲国風土記』を開いてみると、オオクニヌシ神の登場回数は圧倒的で、クマノ大神が二回、サダ大神が二回、ノギ大神が一回なのに対して、オオクニヌシ神の場合、神話の主人公として姿をみせるものだけでも二一回ある。このことからも、『出雲国風土記』はオオクニヌシ神を中心とした神々の世界が展開されているといえるのである。

『肥前国風土記』・『豊後国風土記』と景行天皇の土蜘蛛征討伝承

景行天皇は、『風土記』の登場回数が八六回を誇り、第一位である。二番目が応神天皇の六三回であるから、景行がいかに多いかがわかる。五風土記に限定してみてみると、景行は、常陸・出雲・播磨、そして、肥前・豊後の国々の『風土記』に姿をみせている。これらのうち、国別にみると、最も多い肥前が三五回、次いで豊後が二〇回、三番目は播磨で一〇回となる。したがって、肥前・豊後の二カ国で五五回の頻度となり、全体の六〇パーセントを軽くこえる。しかも、三位の播磨が一〇回であることを考え合わせるならば、景行と九州のつながりの深さは十分にうかがうことができる。このことの理由としては、西海道、すなわち、九州の『風土記』は、「記・紀」、特に『日本書紀』を参考にして編纂されているといわれており、このことと無関係ではないといわれる。つまり、「記・紀」にみられる景行やその皇子であるヤマトタケルによる熊襲征討などの九州平定とかかわりがあるとされている。

まず、景行の登場回数が最も多い『肥前国風土記』からみていくと、単なる地名起源伝承と土蜘蛛《つちぐも》などを平定した伝承に大別できる。土蜘蛛とは、一般にヤマト政権に対して、服従しなかった人々のことといわれているが、『風土記』の伝承をひとつひとつみていくと、必ずしもそうとはいえない要素を含んでいることがわかる。土蜘蛛は『常陸国風土記』にもかなりの数を残しているが、何といっても、『肥前国風土記』・『豊後国風土記』といった九州の『風土記』に伝承が集中している。具体的に『肥前国風土記』の土蜘蛛伝承に目をやるならば、景行が関係するものは全部で七つ確認できる。たとえば、松浦郡《まつらぐん》の賀周里《かすのさと》の条には、

昔者、此の里に土蜘蛛あり、名を海松《みる》橿媛《かしひめ》といひき。纏向日代宮《まきむくひしろのみや》に御宇《あめのしたしろ》しめしし天皇、国巡りましし時、陪従、大屋田子日下部君等が祖なりを遣りて、誅《つみな》ひ滅ぼさしめたまひき。

とある。土蜘蛛の伝承としては典型的なタイプである。

景行天皇像

天皇（景行）によって殺されるのであるが、その際、この伝承のように「誅」や「誅滅」といった言葉が使われ

ることが『風土記』ではしばしばである。また、この伝承では、海松橿媛といった女性の土蜘蛛が登場しており、土蜘蛛は男性のみではないということになる。海松橿媛がどんな事情で誅滅されたのかは不明であるが、同じ松浦郡の大家島の条には、大身という土蜘蛛が景行に誅滅されており、その理由について、

恒に皇命に拒《さか》ひて、降服《まつろ》ひ肯《あ》へざりき。

と記されている。つまり、皇命に従わなかったというものであり、これも典型的なフレーズといえる。杵島郡の嬢子山《おみなやま》の条にも、景行が行幸したとき、

土蜘蛛八十女、又、此の山の頂にあり。常に皇命に捍《さか》ひて、降服《まつろ》ひ肯《あ》へざりき。ここに、兵を遣りて、掩《おそ》ひ滅さしめたまひき。因りて嬢子山といふ。

とある。

しかし、土蜘蛛は必ずしも誅殺される存在ではなかった。藤津郡《ふじつぐん》の能美郷《のみごう》の条には、景行が行幸してきたとき、ここに大白・中白・少白という三人の土蜘蛛がいたという。彼らは砦を造って服従しなかった。そこで、景行が稺日子《わかひこ》を派遣したところ、三人は地面に頭をすりつけて、自分たちの罪をのべ、命乞いをしたとある。三人がその後、どうなったかは記されていないが、おそらく許されたと思われる。というのは、松浦郡の値嘉郷《ちかごう》の条に類似の伝承がみられるからである。その内容はというと、景行が巡幸してきて西方の海に

ある島に、大耳・垂耳《たりみみ》という土蜘蛛がいるという。そこで阿曇連百足《あずみのむらじももたり》に命じて様子をみさせたところ、百足は大耳・垂耳らをとらえて帰ってきた。景行が誅殺しようとしたところ、大耳らは頭を地面にこすりつけて命乞いをし、

> 大耳等が罪は、実に極刑に当れり。万たび戮殺《ころ》さるとも、罪を塞ぐに足らじ。若し、恩情を降したまひと、再生《またい》くることを得ば、御贄《みにえ》を造り奉りて、恒に御膳に奉らむ。

といって、木の皮でアワビのさまざまな食品サンプルを作って景行に献上した。すると、景行は恩情をたれて、これらの土蜘蛛の命を助けてやったというのである。

　こうした土蜘蛛の平定伝承は、『豊後国風土記』にも多くみられる。さらに、興味深いことは、そこにくりひろげられるストーリーをみると、『日本書紀』の土蜘蛛伝承と重なる面が多くあるということである。こうしたことは、『肥前国風土記』にはみられなかった点である。具体的にみていくと、『豊後国風土記』の速見郡《はやみぐん》の条があげられる。景行が熊襲征討のため海部郡の宮浦までできたところ、ここの長のハヤツヒメが出迎えて、

> 此の山に大きなる磐窟《いわや》あり、名を鼠《ねずみ》の磐窟といひ、土蜘蛛二人住めり。其の名を青・白といふ。又、直入郡の禰疑野《ねぎの》に土蜘蛛三人あり、其の名を打猴・八田・国摩呂といふ。是の五人は、並に為人《ひととなり》、強暴《ちはや》び、衆類も亦多にあり。悉皆《みな》、謡《ことあげ》していへらく、皇命に従はじといへり。若し、強に喚さば、兵を興して距《ふせ》ぎまつらむ、とまをしき。

といった。それに対して、天皇は、

ここに天皇、兵を遣りて、其の要害を遮へて、悉に誅《つみな》ひ滅したまひき。

とあるように、兵を出して土蜘蛛を誅殺したというのである。

直入郡《なおりのぐん》の三人の土蜘蛛に関しては、さらに、同じ直入郡の禰疑野《ねぎの》の条にも伝承が残されている。

昔者、纏向日代宮に御宇《あめのした》しめしし天皇、行幸しし時、此の野に土蜘蛛ありき。名を打猨・八田・国摩呂という三人等なり。天皇、親ら此の賊を伐たむと欲して、茲の野に在《いま》し、勅して、兵衆を歴《あまね》く労《ね》ぎたまひき。

これがその伝承であり、先の速見郡のものと比べて若干の違いはあるものの、大筋としては同じ内容といえる。こうした『豊後国風土記』の伝承に対して、『日本書紀』はというと、景行天皇一二年冬一〇月条に土蜘蛛の記事が載っている。それによると、景行が速見邑にやってきたところ、そこの長をつとめるハヤツヒメが出迎えて、この山には大きな石窟《いわや》があり、鼠の石窟といっているが、そこに青と白という二人の土蜘蛛がいることを告げる。さらに、直入郡の禰疑野には、打猨《うちさる》・八田《やた》・国摩呂《くにまろ》という三人の土蜘蛛がいるといい、この五人は性格は強暴で力が強く、加えて仲間も多く、みな皇命に従わないといっているという。そして、無理によび出すと兵を起こして防戦するでしょうというのである。

その話をきいた景行は、無理に進行せず、来田見邑《くたみのむら》に仮宮を造り、そこで群臣と協議した。その結果、土蜘蛛が山野に隠れることのできないよう作戦をたて、海石榴《つばき》の木を使って椎《つち》を作り兵器とし、精兵を選んでその椎をもたせて石窟の土蜘蛛を襲撃し、稲葉の川上で打ち破り、ことごとく殺害した。さらに、景行は、打猨らを討伐しようとして禰疑山《ねぎやま》を越えたとき、山の横手から矢が雨のように降りそそいだ。景行は城原まで退き、卜占をして川の辺に陣を敷いた。そして、兵を整えてからまず、八田を禰疑野で打ち破った。打猨はかなわないと思い降服を申し出たが許されず、ここに進退きわまった土蜘蛛たちはみな谷に身を投げて死んでしまったというのである。

以上が『日本書紀』の記事である。土蜘蛛たちの最期など内容的に詳しい記述がみられるが、大筋では『豊後国風土記』と同様といえよう。

もう一例あげるならば、『豊後国風土記』の直入郡の禰疑野の条のあとに蹶石野《くえいしの》の条があるが、そこには、景行が土蜘蛛を伐とうとして、柏峡《かしわお》の大野というところにやってきたとき、

野の中に石ありき。長さ六尺、広さ三尺、厚さ一尺五寸なり。天皇、祈《うけ》ひたまひしく、朕、此の賊を滅さむには、玆《こ》の石を蹶《くゑ》むに、譬へば柏葉《かしはばな》如して騰《あが》れとのりたまひき。即て蹶たまふに、柏葉の如く騰りき。

と記している。この部分については、『日本書紀』の景行天皇一二年冬一〇月条で打猨らの土蜘蛛が谷に身を投げて死んだあとに続けて、景行は初め土蜘蛛を討伐しようとして柏峡の大野に宿泊したとある。その野に長さ六尺、広さ三尺、厚さ一尺五寸の石があり、景行はウケイをして、土蜘蛛を滅ぼすことができるなら、この石を蹴るから柏の葉のように舞い上がれといった。そして、石を蹴ったところ、柏の葉のように舞い上がったので、その石を蹈石といったとある。ウケイのときに祈った神は、志賀神《しがのかみ》・直入物部神《なおりのもののべのかみ》・直入中臣神《なおりのなかとみのかみ》の三神とされる。

以上が『日本書紀』の該当部分であり、これまた内容的にはほとんど同じといってよいであろう。

九州の『風土記』である『肥前国風土記』と『豊後国風土記』にみられる景行天皇の土蜘蛛征討伝承をとりあげて、その世界をのぞいてみた。景行天皇も土蜘蛛も九州の『風土記』に特に登場回数が集中しており、その点では、『風土記』の中の九州的世界を構成する重要な要素といえる。しかし、景行天皇による土蜘蛛征討という観点から『肥前国風土記』と『豊後国風土記』とを比べると興味深い相違がみられた。それは、『肥前国風土記』の土蜘蛛伝承が『日本書紀』と類似性がみられないのに対して、『豊後国風土記』の方は逆に『日本書紀』の景行天皇の条にみえる土蜘蛛伝承とほぼ同じ内容であるということである。このことは、同じ九州の『風土記』で、しかも同じ土蜘蛛を平定する伝承であっても安易に同じレベルでとらえることはできないということをものがたっているように思われる。

逸文の面白さ

『風土記』の中の逸文

和銅六年（七一三）に国別に作成を命じられた『風土記』は、その成立がわかるのは天平五年（七三三）の『出雲国風土記』のみであるが、おおよそ八世紀の前半には諸国のものが出そろったと思われる。当時は、六〇あまりの国があったことから、『風土記』も六〇ほどが作成されたものと思われる。

それから、一三〇〇年ほどが経過した。他の書物と同様、『風土記』もその多くが失われていった。今、まとまった形で残っているものは、五カ国にすぎない。それでは、その他のものはまったくみることができないかというと、そうではない。いろいろな書物に引用されて、わずかながらも姿を留めているものがかなりある。これらは、総称して逸文《いつぶん》とよばれる。

たとえば、秋本吉郎氏が校注した『風土記』（日本古典文学大系）によると、五風土記に

『風土記』の残存状況

国名	五風土記	逸文		
		確実なもの	存疑	参考
伯耆		2件		1件
石見				1件
播磨		2件		2件
美作		1件		1件
備前				1件
備中		2件	1件	
備後		1件		
紀伊				1件
淡路				1件
阿波		5件		
讃岐				1件
伊予		6件		
土佐		4件		
筑前		10件	2件	1件
筑後		4件		
豊前		2件		2件
豊後				2件
肥前		2件		1件
肥後		5件		
日向		4件	1件	
大隅		4件		
薩摩		1件		
壱岐		1件		2件
国名不明		5件		
		105件	19件	

国名	五風土記	逸文		
		確実なもの	存疑	参考
常陸	○			
出雲	○			
播磨	○			
豊後	○			
肥前	○			
山背		9件	3件	3件
大和				3件
摂津		9件		7件
伊賀				3件
伊勢		3件	1件	8件
志摩				1件
尾張		4件	2件	7件
参河				1件
駿河		1件		3件
伊豆				3件
甲斐		1件		
相模				2件
上総・下総				1件
常陸		9件	5件	1件
近江			2件	2件
美濃				1件
飛驒				1件
信濃		1件		
陸奥		2件		1件
若狭				1件
越前				1件
越後		2件		
丹後		3件		
因幡			2件	1件

＊秋本吉郎校注『風土記』（日本古典文学大系）を基に作成。

加えて、多くの国々の『風土記』すなわち、逸文が採取されており、秋本氏はこれらの逸文を、①確実に『風土記』の一部分と認められるもの、②『風土記』とするのには疑わしいもの（存疑）、③古代の『風土記』とは思われないもの（参考）というように三区分している。

逸文の出典

これらの逸文を引用している書物は多岐にわたるが、一端を示すならば、『釈日本紀』があげられる。これは、書名からもうかがえるように『日本書紀』の注釈書である。卜部《うらべ》兼方《かねかた》が著わしたものであり、鎌倉時代後期の成立とされる。卜部氏は大化前代から卜占（吉凶判断）を職務とする家柄であり、律令制下では、神祇官の官人として宮廷の祭祀をとりおこなった。卜部兼方も神祇権大副という神祇官の次官クラスの職についていた。『釈日本紀』は朝廷で講読されてきた『日本書紀』の講義ノートであり、これに卜部家の家学をまとめたもので、この中に『山背国風土記』の賀茂社の条・『丹後国風土記』の浦島子の条・『摂津国風土記』の有馬温泉の条をはじめとして、諸国の『風土記』の一部分（逸文）が多数引用されているのである。『日本書紀』の注釈書という点では、江戸時代の谷川士清《たにがわことすが》の『日本書紀通證』もそうであり、この中にも逸文が含まれている。『大和国風土記』の御杖神宮の条などはその例であるが、この条については、秋本吉郎氏は逸文とはみなし難いとしている。

神祇関係の書物としては、林羅山《はやしらざん》の『本朝神社考』があげられ、その中にも逸文がみられる。林羅山は、江戸幕府初代将軍の徳川家康から始まり二代秀忠・三代家光・四代家綱の各将軍に仕え、幕政に参加した儒学者としてしられる。その羅山が全国の主な神社について、「記・紀」・『風土記』や『延喜式』などを用いて述べたものが『本朝神社考』であり、『摂津国風土記』の下樋山の条などが含まれている。しかし、この条については、秋本吉郎氏は逸文とはみなし難いとしている。羅山には、『風土記』に関した著述としては、他に『諸国風土記抜粋』もある。

また、『万葉集』の注釈書の中にも逸文をみることができる。たとえば、仙覚《せんがく》がまとめた『万葉集註釈』があげられる。仙覚は天台宗の僧侶であったが、『万葉集』の研究に傾倒し、『万葉集註釈』を著わした。『万葉集註釈』は、『仙覚抄』ともよばれ、鎌倉時代中期の文永六年（一二六九）に成立した。『伊勢国風土記』の逸文である伊勢国号の条などは、この『万葉集註釈』に引かれている。『万葉集』の注釈書では、江戸時代中期にでた今井《いまい》似閑《じかん》の『万葉緯』も知られる。享保二年（一七一七）にまとめられたもので、この中には、今井似閑は『伊勢国風土記』の逸文として採択しているが、秋本吉郎氏は逸文としては認

白うさぎを祭る白兎神社
（写真提供　ピクスタ）

め難いとしている度会《わたらい》・佐古《さこ》久志呂《くしろ》の条などが入っている。

逸文は、百科辞書の中にもみられる。『塵袋《ちりぶくろ》』などはその代表的なもののひとつである。この書物は、作者不明で成立年代も明らかでないが、鎌倉時代の中期にあたる文永期から弘安期（一二六四年〜一二八八年）にかけての成立とされている。六二〇項目にわたって和漢の故事について記されており、その中に『因幡国風土記』の白兎の条などが含まれている。ちなみに、この白兎の条は、秋本吉郎氏によって逸文として疑わしいとされている。

百科辞書に絵図を加えた『倭漢三才図会』にも逸文が含まれている。大坂出身の医師である寺島良安《てらじまりょうあん》によって正徳三年（一七一三）に刊行されたこの書は、さまざまな事物を一〇五の部門に分けて絵図を用いて解説しており、『尾張国風土記』の尾張国号の条などが採択されている。この条についても、秋本吉郎氏は逸文とはみなし難いとしている。

このように、『風土記』の逸文は、多くは短文ながらも、多様な情報を提供してくれる。ただ、短文なこともあって、本当に『風土記』の一部であるか否かといったみきわめが難しいというのも事実であり、その真偽について研究者の間でも見解がわかれるものもある。しかし、いずれにしても、逸文は、八世紀の初期およびそれ以前の日本列島を地域からの視点でみる上で欠かすことのできない面白い史料といえるであろう。

第四章　古代人の祈り

神社の数

日本の神々の数については、よく「八百万《やおよろず》」などと称せられる。八百万という数についてはともかく、古代から多くの神々が日本列島の各地に鎮座している。しかし、古代において具体的にいくつくらいの神社があって、そこにどのくらいの神々がいるのかというと、これはなかなか難しい問題である。

第三章でものべたが、一般的には、延長五年（九二七）、すなわち、一〇世紀の初めに完成した『延喜式』がよりどころになっている。すなわち、『延喜式』全五〇巻のうち、巻九と巻一〇の二巻が神名帳といわれていて、ここに当時の日本中の神社が国別にまとめられている。現在、ここに記載されている神社は、式内社とよばれ、神社の古さを保証する根拠のひとつになっている。『延喜式』の神名帳に記載されている神社は、二八六一社に及び、そこに鎮座している神々の数は三一三二座にのぼる。

しかし、注意しなければならないのは、これらの神社は、当時、神社行政を担っていた神祇官の台帳に社名が記されていた、いわゆる官社といわれるものに他ならない。当然のことながら、諸国にはこうした官社の他に、私的に祀られていた非官社が相当数あったはずである。これらの非官社の数については、『延喜式』の神名帳では知ることができないのである。

こうした状況の中で、出雲国だけは、八世紀前半の段階の神社数を知ることができる。それも官社のみではなく、非官社についてもその数を知ることができるのである。それは、一にも二にも『出雲国風土記』があるからであり、そのはじめの部分には、

合せて神社は三百九十九所なり。

一百八十四所、神祇官に在り。

二百一十五所、神祇官に在らず。

と記されている。ここから、『出雲国風土記』が作成された天平五年（七三三）当時には、出雲国全体で神社が三九九社あり、これらのうち、一八四社は中央の政府の神祇官に登録されている官社であり、他の二一五社は私的な神社であったことがわかる。この三九九社という数については、意宇郡の安来郷にも「当国に静まり坐す三九九社」とあり、数が一致する。

それでは、出雲国は、『延喜式』の段階、すなわち、一〇世紀前半においてはどうであろうかというと、一八七社が記されている。この数は官社数であるから、『出雲国風土記』にみえる官社一八四社と比較すると三社ふえている。これについては少し問題点がある。一見すると八世紀前半から一〇世紀前半の二世紀の間に官社が三つ増加したと考えるわけ

であるが、ここには神社の荒廃という視点がぬけ落ちてしまっているのである。二〇〇年の間にたどった各々の神社盛衰がまったく考慮されていないのである。言葉を変えると『出雲国風土記』に載っている神社がすべて二〇〇〇年間そのまま存続していると考える方が不自然といえるのではなかろうか。しかしながら、『出雲国風土記』に記載されている一八四の官社をひとつひとつ追っていくことは史料的にまず不可能といわざるをえない。したがって、『出雲国風土記』にみえる一八四社が一〇世紀前半まで存続しているという前提の上で話を進めていかざるをえないのが現状である。しかし、わたしたちの頭のどこかにありがちな神社は古くから変わらないという認識には問題がある、ということも忘れてはならないように思われる。

『出雲国風土記』の神社の記載に目をもどすなら、さらに、興味深いことに気がつく。それは、出雲国内において、熊野大社と杵築大社（出雲大社）の二社のみが、大社と称されているのである。また、『出雲国風土記』にみられる神社は三九九であるが、そこに祀られている祭神は一社につき一神と考えられている。つまり、神の数もまた三九九神ということになる。それらの神々の中で、四神だけが大神とよばれている。その四神とは、野城大神・熊野大神・佐太大神そして天の下造らしし大神である。

このようにみるならば、『出雲国風土記』が成立した八世紀はじめにあった三九九社には、序列があったことがうかがわれる。まず、官社と非官社とに大別される。さらに、官社の中でも四社の祭神のみが大神と称される。そして、その四社の中でも二社だけが大社とよばれている。したがって、大神を祭神とする神社の中でも大社とそれ以外とに序列化されていることになる。

二大社と四大神

それでは、天の下造らしし大神（オオクニヌシ神）を祀る杵築大社（出雲大社）と熊野大神を祀る熊野大社との間には差がなかったのかというと、どうもそうではないようである。一般的に考えるならば、出雲で一番は出雲大社ということになろう。神でいうならば、出雲大社の祭神であるオオクニヌシ神ということである。

しかし、『出雲国風土記』をみると、意宇郡の出雲神戸の条に、

伊弉奈枳《いざなき》の麻奈古《まなご》に坐す熊野加武呂命《くまのかむろのみこと》と、五百鉏の鉏《すき》猶取り取らして天の下造らしし

大穴持《おおなもち》命と二所の大神等に依さし奉る。

とあるように熊野大神、つまり、熊野大社の方が上位におかれている。

こうした序列については、いまだに定説といえるようなものはみあたらない。しかし、熊野大神が、イザナキ神の愛し子とあることからもわかるように天神《あまつかみ》なのに対して、天の下造らしし大穴持命、すなわち、オオクニヌシ神は国神《くにつかみ》である。この高天原系の神である天神と葦原中国系の国神との差によるものともいわれている。

『出雲国風土記』にみられる神社

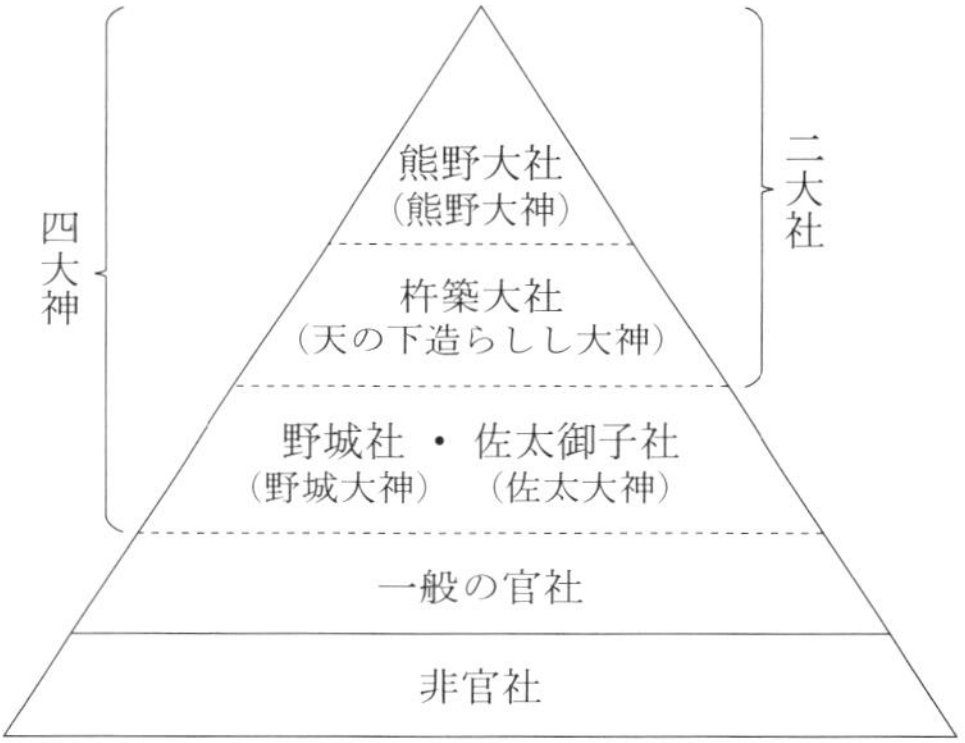

このように、『出雲国風土記』が残っていることによって、出雲国では他国よりも二〇〇年前の神社の全体像をみることができるのである。

寺院の数

百済の聖明王《せいめいおう》から日本の欽明《きんめい》天皇へ仏教が伝えられた年は、五三八年とも五五二年ともいわれる。いわゆる仏教公伝であり、六世紀の中ごろのことである。これ以後、仏教は日本列島の各地において広まりをみせていくわけであるが、仏教にとって重要な寺院の数については、その実数をつかむことはなかなか難しい。『日本書紀』によると、七世紀前半頃には四七寺とあり、『扶桑略記』には、七世紀後半の持統朝では五四五寺あったと記されているが、これらの数をどのくらい信じるかについては問題がないわけではないが、文献史料からは寺院の少なさがうかがわれる。考古学の発掘成果が各地への仏教の広まりを雄弁に語っているのと比較するならば、まさに対照的といえる。

それでは、『風土記』の中で、地方寺院がどのように描写されているのであろうか、ということは、大変気にかかるところである。このように考えて『風土記』をみていくと、『尾張国風土記』の逸文として、愛知郡に福興寺という寺があったことが記されている。

さらに、福興寺に関しては、

俗《くにびと》、三宅寺と名づく。郡家より南に去ること九里十四歩、日下部郷の伊福村にあり。

とあって、通称は三宅寺とよばれていたことが記されており、その理由はというと、

平城宮に御《あめのしたしろ》宇しめす（天璽国押開桜彦命）天皇の神亀元年、主政、外従七位下三宅連麻佐、造り奉れり。

とあるように、建立者である三宅連麻佐《みやけのむらじまさ》の名からきていることがわかる。三宅連麻佐は愛知郡の主政、すなわち郡司であり、福興寺を神亀元年（七二四）に建立した。聖武天皇の時代ということになるが、このように、寺院名や建立者および建立年代がはっきりしている例は、『風土記』の場合、きわめて珍しいといえる。

たとえば、『豊後国風土記』をみると、大分郡の条に、

寺弐所一は僧の寺、一は尼の寺なり。

とあるばかりであり、寺院名など詳しいことは全くわからないのである。また、『肥前国風土記』でも、神埼郡の条に、

寺一所僧寺なり。

とあり、同じく佐嘉郡の条に、

寺一所。

とあるだけで、寺名などについては知ることができない。そればかりか、これらの九州の二つの『風土記』を信頼するならば、豊後と肥前では、それぞれ八世紀の前半において寺院は二つしかなかったことになる。このことをどうとらえるかについては、意見が分かれるところである。つまり、これらの『風土記』の記載を信じて、地方への仏教の伝播を八世紀前半まではまだ未熟であったとみることもできようし、そうではなく、これらの『風

土記』の寺院の記載は実数ではないとすることも可能である。しかし、『風土記』をみる限り、寺院の記載は、そう多くないのは事実である。『播磨国風土記』にも寺院のことは記されていない。また、『常陸国風土記』では、観音信仰の存在は確認できるものの、寺院についてはやはり、記述がみられない。

このような中にあって、『出雲国風土記』には、他の『風土記』とはちがった興味深い記載をみることができる。その寺院関係の記事をまとめたのが次の表である。表をみていくと、まず教昊寺《きょうこうじ》という寺があったとされる。寺名の由来は、教昊という僧によって建立されたことによる。伽藍としては、五重塔があり、僧もいた。この教昊という僧は、『出雲国風土記』が編纂された天平五年（七三三）当時、大初位下であった上腹首押猪《うえはらのおびとおしい》の祖父とされている。したがって、教昊寺は、一世代を三〇年で数えるとすると、押猪から二代、つまり、六〇年ほどさかのぼった七世紀後半の白鳳時代に建立されたと思われる。教昊については詳しいことはわからないが、大初位下という下級の位階をもった押猪の祖父ということから、彼もまた、そういった階層の出身で、具体的には先にあげた尾張国の福興寺を建立した三宅連麻佐と同様に郡司層と推測することができよう。

出雲国には、教昊寺の他にも「新造院」という名称で一〇ヵ所の寺院があったと考えられる。新造院とは、文字通り解釈すると、新しく造った建物といった意味であるが、先の

出雲国の寺と新造院

名称	郡	郷	伽藍の規模	僧尼の有無	建立者	
教昊寺	意宇	舎人	五層の塔	僧あり	教昊僧	散位大初位下上腹首押猪の祖父
①新造院	意宇	山代	厳堂	なし	日置君目烈	出雲神戸日置君猪麻呂の祖
②新造院	意宇	山代	厳堂	僧一人	出雲臣弟山	飯石郡少領
③新造院	意宇	山国	三層の塔		日置部根緒	山国郷の人
④新造院	楯縫	沼田	厳堂		出雲臣太田	楯縫郡大領
⑤新造院	出雲	河内	厳堂		日置臣布弥	旧大領で、現大領佐底麿の祖父
⑥新造院	神門	朝山	厳堂		神門臣ら	
⑦新造院	神門	古志	(厳堂)		刑部臣ら	
⑧新造院	大原	斐伊	厳堂	僧五人	勝部臣虫麻呂	大原郡大領
⑨新造院	大原	屋裏	(?)層の塔	僧一人	額田部臣押島	前少領で、現少領伊去美の従父兄
⑩新造院	大原	斐伊	厳堂	尼二人	樋伊支知麻呂	斐伊郷の人

表からもわかるように、三重塔を備えていたり、僧尼の存在が記されていたりすることから、寺院とみてさしつかえないと思われる。建立者にしても、表の②の出雲臣弟山が飯石郡の少領（郡司の次官）、④の出雲臣太田が楯縫郡の大領（郡司の長官）、⑤の日置臣布弥が

教昊寺跡（右端）（写真提供 島根県古代文化センター）

出雲郡のもと大領、⑧の勝部臣虫麻呂が大原郡の大領、⑨の額田部臣押島が大原郡の前少領といった具合に、一〇人のうち五人が郡司もしくは郡司経験者である。残りの五人にしても三人は姓《かばね》をもっており、庶民層ではない。つまり、建立者についても、郡司もしくは郡司層と考えてさしつかえなく、郡（司）寺を想定できることからも新造院を寺院とみなしてよいと思われる。

しかし、新造院には謎も多い。まず、一〇の寺院がみな新造院であるということの不思議さがあげられる。さらに、①や⑤のように、建立者が当時の人間の親であったり祖父であったりすることも不思議である。どう考えても新しく造った建物（寺院）と解釈することができないからである。こうした点をどのように考えるかについては問題が残されているが、当時、すなわち、養老期から天平期にかけて出された寺院併合令と関連づけてとらえることができそうである。つまり、出雲国でもこの時期に寺院の統廃合がおこなわれ、多くの新造院が誕生した。こうしてできた新造院は、自らの由緒を定めるとき、合併したいくつかの寺院の中で最も古い由緒をもつものを採用したのではなかろうか。その結果、合併してできた新しい寺院にもかかわらず、由緒は古いものができてしまったというわけである。

いずれにしても、新造院については、まだまだ考えなければならない点が多い。そして、『出雲国風土記』にみられるこれら教昊寺と一〇の新造院の合計一一という数をどうみたらよいのであろうか。他の『風土記』と比べると一一という数は非常に多い。しかしながら、『出雲国風土記』が作られた八世紀前半において出雲国にある寺院の合計が一一というのは少なすぎるようにも思われる。仏教の地域への波及ということを考える上で、こうした問題点は、重要な視点になると思われる。

僧と尼

地域の仏教の様子を知る手段として、寺院と共に僧尼の動きをとらえることは重要である。いうまでもなく、僧尼がどのような活動をしていたかは、その地域の仏教の実情を端的にあらわしている。『風土記』はそうしたことを最もよく記していてもよいように思われるが、現実は、思うほど容易ではない。

　僧尼の存在がわかる『風土記』は、実のところ決して多くない。それも前述のように、『肥前国風土記』の神埼郡の条に、寺院が一カ所あるという記載の割注に「僧寺なり」とあったり、『豊後国風土記』の大分郡の条に、寺院が二カ所ありとして、やはり、割注で「一は僧寺、一は尼寺なり」とあるように、きわめて記述が簡潔である。そのため、僧尼の活動状況などは不明としかいいようがないのである。こうした中で、寺院と同様、僧尼に関しても『出雲国風土記』は、比較的多くの情報を与えてくれる。

　まず、寺号がわかる教昊寺には、「僧あり」と記されており、このことから何人かはわからないが、僧が住んでいたであろうことがうかがわれる。ついで、一〇カ所あった新造院についてみると、これらのうち四つの新造院について僧尼の存在が記載されている。そのひとつは、意宇郡の山代郷のものであり、「住める僧一軀なり」とある。また、大原郡の斐伊郷《ひいごう》の新造院には、「僧五軀あり」とあるし、屋裏《やうち》郷のものには、僧一名がいたことが記載されている。さらに斐伊郷のものには「尼二軀あり」とあり、尼の存在が記されている。これらから、新造院については、僧が七名、尼が二名の計九名の僧尼がいたことがわかる。

このように、出雲国の場合には、少なくても一〇名以上の僧尼がいたことが確認できる。では、これらの僧尼がどのような人々であったかという点が興味深いのであるが、その前に、少し面白い記述が新造院にみられるのでその点にふれておきたい。それは、意宇郡の山代郷にみられる新造院で、僧尼がいない方の新造院の記述である。具体的にみると、僧尼に関して、「僧なし」と記されているのである。一般的に考えると、僧尼の数については、存在する場合にはその数を記すが、寺にいないときにはわざわざ記すことはしない。実際、他の新造院五ヵ所には、こうした記載はみられない。したがって、これらの五ヵ寺には、僧尼が常住していなかったと思われる。

「僧なし」と記された新造院にも、僧尼はいなかったであろうが、それならば、僧尼の記載がみられない五つの新造院との差はいかなるところにあるのであろうか。この点に関しては、推測の範囲を出ないが、「僧なし」と記載された新造院の方は、僧尼の存在がまったくみられない。つまり、無住という状態にあったのではなかろうか。それに対して、僧尼の有無について記載がない新造院に関しては、別の寺院（新造院）の僧尼が兼帯していて、何かの必要に迫られたとき、その新造院へおもむくという形態をとっていたとも考えられる。

また、『出雲国風土記』に登場する僧尼の性格も謎である。これは、他の国々の『風土記』についてもいえることであるが、これらにみられる僧尼は、正式な僧尼なのであろうか、それともかってに自分たちで名乗った自称僧尼なのであろうか。奈良時代、仏教は鎮護国家という性格を与えられ、国家によって保護された。僧尼も「三宝」のひとつとして敬われ、税負担の免除など特権を与えられていた。その反面、僧尼は僧尼令によって統制され、国家によるライセンスが必要であった。こうした手続きを経た正式の僧たちを官（度）僧と称した。これに対して、僧尼が税を免除されるという点に目をつけ、かってに僧尼になる者もでてきた。こうした存在を私度僧と称し、国家はとりしまりの対象としたのであった。つまり、ひとくちに僧尼といっても、官（度）僧と私度僧の二通りがあったのである。それでは、『風土記』にみられる僧尼たちはどちらであったのかというと、結論を出すのは容易ではない。『風土記』は、政府の要請に応じて提出された公文書であるから、そこに明記される僧尼は、公の僧尼、つまり、官（度）僧であるという考えも成り立つであろう。その一方で、『風土記』にみられる寺院など地方寺院の多くは郡司層の手による建立であることから、郡司たちの子弟がかってに僧になる可能性も考えられよう。さらに、『出雲国風土記』にみられる寺院ならびに新造院については、地理的環境から朝鮮半島（新羅）の仏教の影響を受けているという指摘もある。

こうしたことを考えると、『風土記』にみられる僧尼を官（度）僧か私度僧かと明確にいい切ることは難しいが、一方で持統天皇八年（六九四）には、国々の国衙で正月に金光明経読誦が始められている。こうしたさいに、その国の僧尼たちが動員されたであろうことは十分に予測がつくことであり、とするならば、これらの僧尼をいちがいに私度僧ということはできないように思われる。

神仙思想

不老不死を願う気持ちは、古今東西をこえて多くの人々に共通するものであろう。こうした延命長寿への願望によって生み出されたものが神仙思想である。

そもそも神仙思想とは、紀元前三世紀ごろ中国におこったとされるものであり、三国時代の初期に出た魏伯陽《ぎはくよう》と東晋《とうしん》の葛洪《かっこう》とによって発展的に展開され、道教の中核思想になった。この神仙思想がいつごろ日本へもたらされたかについては明らかではないが、推古天皇一〇年（六〇二）に来朝した百済僧の観勒《かんろく》によって伝えられた遁甲《とんこう》・方術書の中には、この神仙思想も含まれていたといわれる。

その後、日本の場合、道教および神仙思想は、仏教や儒教のように表立って為政者の保護を受けることはなかったが、当然あこがれの対象ではあったようである。奈良時代の貴族層も同様であり、具体的には『万葉集』や『懐風藻《かいふうそう》』などに収められている作品にその影響をみることができる。その影響は貴族層のみならず、庶民にも及んでいたようであり、そのことが『風土記』の伝承を通してうかがうことが可能である。

まず、『伯耆国風土記』の逸文として残されている粟島《あわしま》の条をみてみよう。ここは、現在、弓浜半島のつけ根にあたるが、その地名からも奈良時代には島であったと思われる。ここにスクナヒコ神が粟を蒔き、実った粟の穂に弾かれて常世国《とこよのくに》へ渡ったというのである。ここにみられる常世国は、不老不死の桃源郷であり、まさしく神仙思想を具現化したものに他ならない。この伝承は、「記・紀」神話にみられるスクナヒコナ神の話と類似性がみられることも注目される。

常世国に関する記載は他の『風土記』にもみることができる。たとえば『伊勢国風土記』の逸文の国号由来の条には、神武天皇の命を受けた天日別命に伊勢津彦《いせつひこ》が降服し、伊勢国を譲って去ったとき、夜半であるのにもかかわらず、大風が起こり、波が立ち、あたりは昼のように輝いて陸も海もはっきりするほどであったという。そして、それに続けて、

古語に、神風の伊勢国、常世の浪寄する国と云へるは、蓋しくは此れ、これを謂ふなり。

としている。つまり、この場合、伊勢国をたたえる言葉として常世国が使われているわけであるが、常世国からの浪が打ち寄せるのが伊勢国ということになっている。

常世国については、『常陸国風土記』の総記にも記載がみられ、

古人、常世国と云へるは、蓋し疑ふらくは此の地ならむか。

と記されている。常陸国はまるで常世国であるというのであるが、むろんこれは誇張というか文飾であり、この記述のすぐあとには、水田は上田が少なく中田が多いとあって、常世国とは決していえないことは明らかである。

『常陸国風土記』にはもうひとつ、神仙思想に関する表現がみられる。香島社の周辺を描写した場面がそれであり、

神仙の幽居の境、霊異の化誕の地、佳麗の豊かさは悉《つまびら》かに記すべからず。

と記している。この部分も伝承というよりは、当時の情景描写であり、文章の整い具合からも編纂者の教養による文飾を多分に感じる。したがって、『常陸国風土記』にみられる神仙思想に関する表現は、地元の伝承を採録したというよりも、編纂者であった国司層、つまり、都から派遣された貴族たちによる高い教養の所産であると考えられる。前述したように『常陸国風土記』が編纂されたときの国守に藤原四子の一人である宇合をあてる説もこうしたところからでている。

神仙思想の典型としては、『甲斐国風土記』逸文の鶴郡《つるぐん》の条もあげられる。その内容はというと、鶴郡に菊がしげっている山があるという。その山の谷から流れ出る水が菊を洗

って流れており、その水を飲む人は、長命になり、その長さは鶴のようであることからここを鶴郡というとある。内容からわかるように、中国の菊水の故事をもとにした伝承である。こうした大陸思想の影響としては、陰暦の九月九日の重陽の節供に宮廷でおこなわれた菊水の宴などをあげることができるが、地方の郡名由来にまでそれがみられるということは興味深い。

また、『近江国風土記』逸文の伊香小江《いかごのおえ》の条や『丹後国風土記』逸文の奈具社の条には、天女のことが記されている。いずれの伝承も天界から舞い降りてきた天女が地上で水浴しているうちに人間によって羽衣を奪われるという、いわゆる羽衣伝説に属するものであり、特に『近江国風土記』にみられる伝承は、まとまった形の羽衣伝説では最も古いといわれている。

『丹後国風土記』の逸文には、さらにもうひとつ、神仙思想の要素を含んだ伝承がみられる。与謝郡の浦嶼子《うらのしまこ》に関する話がそれである。これは、有名な浦島太郎を主人公とする浦島伝説とよばれるもののルーツにあたる伝承であり、現在のわたし達にもなじみ深い話ではなかろうか。

しかし、わたし達が知る浦島太郎像は、実は近世初頭に形成された御伽草子のなかのひとつである『浦島太郎』によるものである。けれどもその浦島太郎像の原形ともいうべきものが、古代にまでさかのぼって『日本書紀』や『万葉集』によってみることができる。これらに登場する浦島太郎は浦島子という名で、いずれも漁師であり、一般の庶民である。しかし、『丹後国風土記』に登場する浦島太郎は、

与謝郡、日置里。此の里に筒川村あり。此の人夫、日下部首等が先祖、名を筒川の嶼《しま》子《こ》と云ひき。為人《ひととなり》、姿容《すがた》秀美《うるわ》しく、風流なること類なかりき。斯は謂はゆる水の江の浦嶼子といふ者なり。

というように浦嶼子《うらのしまこ》記されている。そして、浦嶼子は「日下部首等らが先祖」、つまり、地方豪族の先祖とされている。浦嶼子は、自身は庶民としての漁師であると同時に、地方豪族の日下部《くさかべ》氏らの祖先として描かれているのである。また、伝承自体も『日本書紀』や『万葉集』にみられるものと比較すると、全体的に神仙思想の度合が強められているといわれている。こうした傾向は平安時代に入るとさらに顕著となり、『浦島子伝』などにおいては、浦島太郎は神仙の仲間入りを果たしている。こうした浦島太郎を庶民向けにしたものが、御伽草子ということになる。

『風土記』にみられる神仙思想に関する伝承をいくつかとりあげてみた。数としてはそう多いとはいえず、さらに、厳密にいうと内容的に一〇〇パーセント庶民の産物とはいえないかもしれないが、古代にはたしかに地方にも神仙思想の影響が及んでいることは理解

できるであろう。こうした点に、不老長生への古代人の願望の強さを感じとることはあながち誤りではないであろう。

浦島太郎のルーツ

昔ばなしのヒーロー

絵本や昔ばなしで子供の頃を過ごしたという世代は、もうかなりの年配の方々かもしれない。その方たちにとって浦島太郎は、忘れられない人物ではなかろうか。逆に、若者たちにとっては、名前くらいしかしらないなじみの薄い人物になってしまっているかと思う。

浜辺で子供たちにいじめられた亀を助けた浦島太郎は、お礼に竜宮城へと案内され、乙姫様にもてなされ、夢のような生活を送る。しかし、望郷の思いをおさえられなくなり、帰ることを決意し、その際に「決して開けてはいけない」といわれた玉手箱をもらうことになる。そして、帰郷してみたら、あたりはすっかり変わってしまっていて、知っている人も一人もいなかった。途方にくれた浦島太郎は、思わず乙姫様との約束をやぶって玉手箱を開けてしまう。すると煙がたち起こり、浦島太郎は白髪の老人になってしまった。

これが、絵本や昔ばなしの「浦島太郎」の概要である。この話の直接のルーツは、明治二九年（一八九六）に刊行された『日本昔噺』の中の「浦島太郎」である。それを基にし

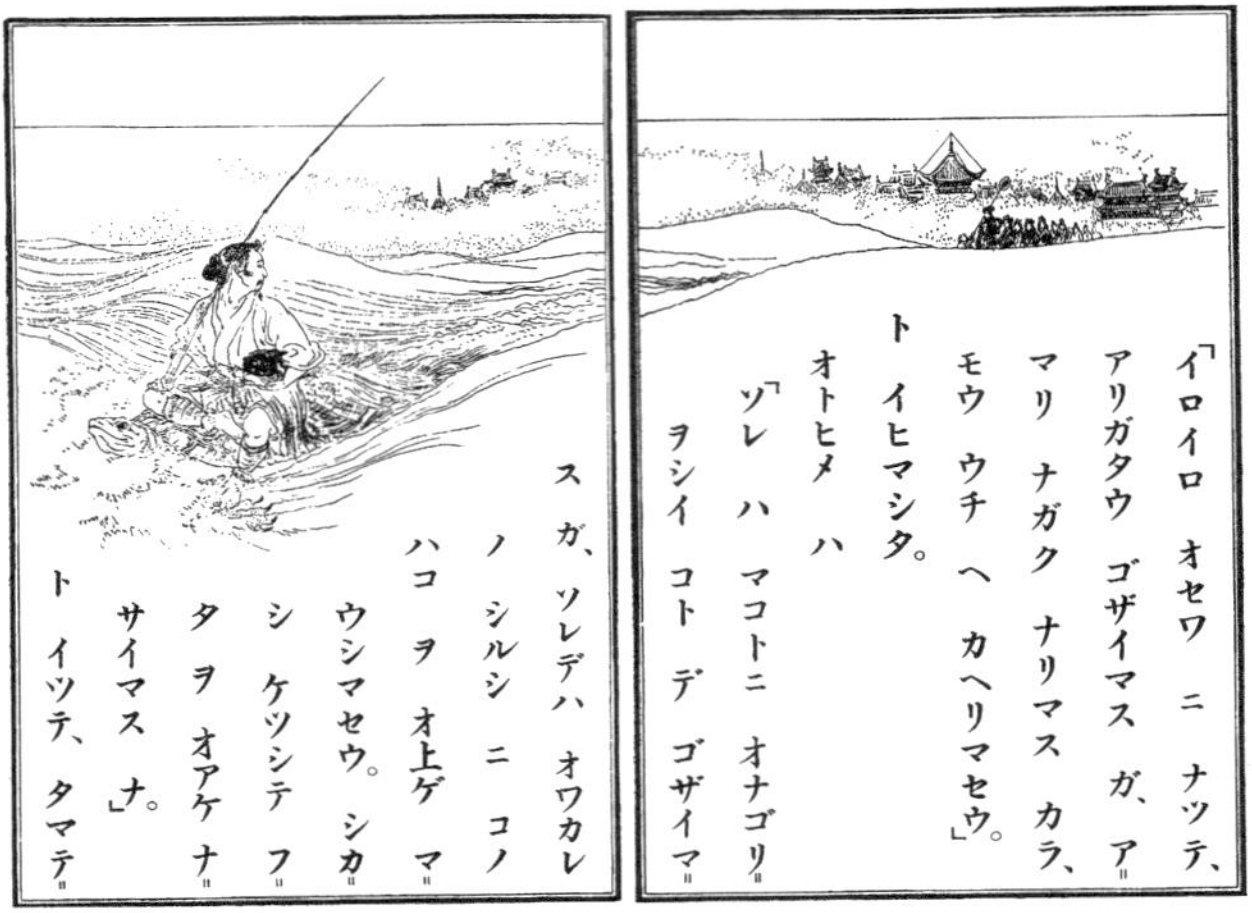

国定教科書での浦島太郎

て、戦前の教科書などにも浦島太郎が登場することになる。

しかし、そうした話の原型をさらにさかのぼって求めると、室町時代末期から江戸時代初期にかけて作られた『御伽草子』の中のひとつである「浦島太郎」にいきつく。『御伽草子』は、約四〇〇編にも及ぶ短編物語の総称であり、他に「一寸法師」・「物ぐさ太郎」・「酒呑童子」などがある。

『御伽草子』の「浦島太郎」のルーツを探求していくと、先述したように、さらに、古代の『日本書紀』『万葉集』や『丹後国風土記』などにいきつくことになる。

古代においては、浦島太郎は浦島子《うらのしまこ》とよばれ、ストーリーにも少し変化がみられる。

『日本書紀』と『万葉集』の浦島子伝承

まず、『日本書紀』の浦島子伝承から具体的にみていくと、雄略《ゆうりやく》天皇二二年秋七月条に、

丹波国余社郡の管川の人、瑞江浦島子、舟に乗りて釣す。遂に大亀を得たり。便に女に化為《な》る。是に、浦島子、感《たけ》りて婦にす。相逐《したが》ひて海に入る。蓬萊山《ほうらいさん》に到りて、仙衆を歴《めぐ》り観《み》る。語は別巻に在り。

とある。ここでは、丹波国の海岸が舞台となっており、余社郡管川の人である浦島子が主人公になっている。浦島子の身分は漁師であり、つりあげた大亀と夫婦になって共に蓬萊山、つまり、道教で説く理想郷である常世国へおもむいたと記されている。しかし、そこからの話は別巻にありとするだけで、『日本書紀』には記述がみられない。

次いで、『万葉集』をみると、巻九（一七四〇・一七四一）に記載がみられる。その冒頭には、

春の日の　霞める時に　墨吉《すみのえ》の　岸に出で居て　釣船の　とをらふ見れば　古の　事ぞ思ほゆる

とあり、伝承の舞台は、墨吉となっている。墨吉というと、摂津国の地名がまず思いおこ

されるが、丹後国とする説もみられる。伝承の続きを追うならば、

水江の　浦島子が　堅魚釣り　鯛釣り矜《ほこ》り　七日まで　家にも来ずて　海界を　過ぎて漕ぎ行くに　海若の　神の女《をとめ》に　邂《たまさか》に　い漕ぎ向ひ　相誂《あてら》ひ　こと成りしかばかき結び　常世に至り　海若の　海の宮の　内の重の　妙なる殿に　携はり　二人入り居て　老いもせず　死にもせずして　永き世に　有りけるものを

と記されている。すなわち、主人公の浦島子が漁にでて、七日間、大漁が続き、家へもどることもできないほどであった。すると、海上に神女が現われ、二人は結ばれて共に常世国へ向かうことになる。浦島子は、乙女と出会うが、この乙女は『日本書紀』と異なり、亀の化身とはなっていない。そこにある海神の宮殿に入った二人は、老いることも死ぬこともなく、永遠の世界を楽しんでいた。しかし、ここから浦島子は、望郷の心を起こしてしまうのである。伝承に目をやるならば、

世のなかの　愚人の　吾妹子に　告げて語らく　須臾《しましく》は　家に帰りて　父母に　事も語らひ　明日の如　吾は来なむと　言ければ　妹が　常世辺に　また帰り来て　今の如　逢はむとならば　この篋《くしげ》開くな勤《ゆめ》と　許多《そこらく》に　堅めし言を　墨吉に　還り来りて　家見れど　家も見かねて　里みれど　里も見かねて　恠《あや》しと　そこに思はく　家ゆ出でて　三歳《みとせ》の間に　垣もなく家滅《う》せめやと　この箱を　開きて見てば　もとの如

家はあらむと　玉篋《たまくしげ》　少し　開くに　白雲の　箱より出でて　常世辺に　綱引きぬれば　立ち走り　叫び袖振り　反側《こいまろ》び　足ずりしつつ　たちまちに　情消失せぬ　若かりし　膚も皺《しわ》みぬ　黒かりし　髪も白けぬ　ゆなゆなは　気《いき》さへ絶えて　後つひに命死にける　水江の　浦島子が　家地見ゆ

反歌

常世辺に住むべきものを剣刀《つるぎたち》己《な》が心から鈍やこの君

となっている。すなわち、せっかく不老不死の常世国にいた浦島子が、父母のことが気になり、一度、帰郷したいというのである。神女は、もう一度もどってきたいのならば決して開いてはいけないといって篋を手渡すのであるが、故郷へもどり何もかもが一変してしまったことに驚き、篋をあければもとにもどるかもと思った浦島子は、約束を破って篋をあけてしまうのである。すると、篋から白雲が流れ出て、浦島子はたちまち老人となって死んでしまうことになる。

『万葉集』の内容で興味をひかれるのは、浦島子が常世国へ行ってからの行動が記されていることであり、『日本書紀』とは、まったく異なっている。また、『万葉集』の中の浦島子は、漁師、すなわち、庶民として描かれているところもみのがせない。

これらをふまえて、『丹後国風土記』をみることにしたい。

『丹後国風土記』の浦嶼子伝承

『丹後国風土記』の逸文のひとつとして残っている浦嶼子伝承をみるならば、まず初めに、

与謝郡、日置里。此の里に筒川村あり。此の人夫《たみ》、日下部首等が先祖、名を筒川の嶼《しま》子《こ》と云ひき。

とある。ここから舞台は、丹後国の与謝郡であり、主人公は嶼子ということがわかる。このように、『丹後国風土記』では、浦島子を嶼子と表記している。嶼子は、「人夫《たみ》」つまり、庶民とされているが、一方では、在地豪族である日下部首の先祖ということにもなっている。伝承の続きをみるならば、

為人《ひととなり》、姿容秀美《すがたうるは》しく、風流なること類なかりき。斯は謂はゆる水の江の浦嶼子といふ者なり。是は、旧の宰《みこともち》伊預部馬養連が記せるに相乖くことなし。故、略所由之旨を陳べつ。

として、嶼子の性格を描写し、さらに、この伝承は伊預部馬養が記録したものと少しも相違ないとしている。そして、伝承のおおよその内容を陳べようといっている。ここから浦島子伝承が始まるわけである。それによると、

朝倉宮に御宇《あめのしたしろ》しめしし天皇の御世、嶼子、独《ひとり》小船に乗りて海中に汎び出でて釣するに三日三夜を経るも、一つの魚だに得ず。乃ち五色の亀を得たり。

とある。すなわち、雄略天皇の時代のこととして、嶼子は漁に出たが三日三晩、一尾の獲物にも恵まれなかったと記されている。『万葉集』にみられる「堅魚釣り鯛釣り矜り」という状況とはまるで逆である。しかし、そのかわりに五色の亀を捕獲するのである。そこから伝承は思いもかけない展開をみせることになる。それは、

心に奇異と思ひて船の中に置きて、即て寝るに、忽を婦人と為りぬ。其の容美麗しく、更比《またたぐ》ふべきものなかりき。嶼子、問ひけらく、「人宅遥遠にして、海庭に人乏し。詎の人か忽に来つる」といへば、女娘、微咲みて対へけらく、「風流之士、独蒼海に汎べり。近しく談らはむおもひに勝へず、風雲の就来つ」といひき。

ということであり、嶼子が亀を船の中に置いてひと眠りしてさめると、亀は美女に変身していたというのである。嶼子は、美女にどこからきたのかと問うと、風流な方と語らいたいという思いにかられてやってきたという。そこで嶼子は、さらに、いずこからきたのかと問うと、美女は、「天上の仙家の人なり。請ふらくは、君、な疑ひそ。相談らひて愛しみたまへといひき」、嶼子は、「ここに、嶼子、神女なることを知りて慎み懼ぢて心に疑ひき」というように、美女が神女にあることを知るのである。さらに、美女は嶼子に、「君、棹を廻らして蓬山《とこよのくに》に赴《ゆ》かさね」といい、嶼子もそれに応じるのである。ここにみられる「仙家」「神女」「蓬山（常世国）」といった言葉は、いずれも道教の中核的要素をなす神仙

思想の影響と考えられる。

伝承では、このあと常世国での生活ぶりが記されているが、ここでも「仙都」「仙哥」「群仙侶」「神仙」といった神仙思想に関連する言葉が多数、用いられている。さらに、伝承を追うならば、常世国での夢のような三年間を過ごしたのち、嶼子は望郷の念にかられ、故郷へふたたびもどってくる。しかし、すべてが一変していることに驚き、里人にたずねたところ、何と三〇〇年あまりも過ぎているということをきかされ茫然としてしまう。そして、故郷にもどるときに渡された玉匣を思わず開いてしまうことになる。この場面を伝承は、

乃ち、玉匣を撫でて神女を感思《した》ひき。ここに、嶼子、前の日の期を忘れ、忽に玉匣を開きければ、即ち瞻《めにみ》ざる間に、芳蘭しき体、風雲に率ひて蒼天に翩飛《とびか》けりき。嶼子、即ち期要に乖違ひて、還、復び会ひ難きことを知り、首を廻らして踟蹰《たたず》み、涙に咽《むせ》びて徘徊《たちもとほ》りき。


と描写し、嶼子は涙ながらに神女を慕って歌を詠むことになる。この最後の場面にしても、『万葉集』では、浦島子は絶命しているが、『丹後国風土記』では、老人となって涙を流し徘徊して終わっている。

みてきたように、『丹後国風土記』における舞台は、与謝郡であり、現在でもこのエリ

浦島子が船出した場所に鎮座していると伝えられる島児神社
（写真提供 京丹後市観光協会）

浦島神社とも称される宇良神社（写真提供 ピクスタ）

アを含む丹後半島には、浦島子を祭神とする古社が各地にみられる。それらのうち、たとえば与謝郡の宇良神社と竹野郡の網野神社とは式内社であり、竹野郡の島児神社は、浦島子が常世国へ向かったとされる海岸に鎮座している。

『日本書紀』『万葉集』『丹後国風土記』の各々の内容が示すように、浦島子伝承は内容的に神仙思想の影響が色こくみられる。また、舞台と考えられる丹後半島の海岸部には海人集団の存在が想定され、もともとは彼らの伝承であったと推定することが可能である。つまり、こうした二つの要素を中心に形成されたものが浦島子伝承であるととらえることができるであろう。

天女と白鳥

天女が白鳥に姿を変え、天から舞い降りるという伝承は日本だけでなく、世界的にも分布がみられ、「白鳥処女型説話」といわれている。『風土記』のなかにもこのタイプの伝承をいくつかみることができる。
まず、羽衣の話としては、三保の松原の伝承が有名である。この話は、『駿河国風土記』の逸文とされているものであり、その内容はというと、
古老伝へて言はく、昔、神女あり。天より降り来て、羽衣を松の枝に曝しき。漁人、

拾ひ得て見るに、其の軽く軟きこと言ふべからず。所謂六銖の衣か、織女の機中の物か。神女乞へども、漁人与へず。神女、天に上らむと欲へども羽衣なし。是に遂に漁人と夫婦と為りぬ。蓋し、已むを得ざればなり。其の後、一旦、女羽衣を取り、雲に乗りて去りぬ。其の漁人も亦登仙しけりと云ふ。

というものである。しかし、これは、『風土記』の記事ではなく、後世になって東遊の駿河舞の起源として作られたものであろうといわれている。

羽衣伝承としての要素を備えた最も古いものとして知られるのは、『近江国風土記』の逸文とされている伊香小江の条である。

古老の伝へて曰へらく、近江国伊香郡。与胡の郷《さと》。伊香小江。郷の南にあり。天の八女、倶に白鳥と為りて、天より降りて、江の南の津に浴みき。時に、伊香刀美、西の山にありて遥かに白鳥を見るに、其の形奇異し。因りて若し是れ神人かと疑ひて、往きて見るに、実に是れ神人なりき。ここに、伊香刀美、即て感愛を生して得還り去《さ》らず。窃かに白き犬を遣《や》りて、天羽衣を盗み取らしむるに、弟の衣を得て隠しき。（中略）伊香刀美、天女の弟女と共に室家と為りて此処に居み、遂に男女を生みき。男二たり女二たりなり。（中略）後に母、即ち天羽衣を捜し取り、着て天に昇りき。伊香刀美、独り空しき床を守りて、唫詠すること断まざりき。

これがその伝承であり、舞台となっている伊香小江は、現在の余呉湖《よごこ》のこととされている。内容を追うならば、この伊香小江に八人の天女が白鳥に姿を変えて舞い降りるところから始まる。ここにみられる天女とは、仙女のことをいっており、神仙が男性をあらわすのに対応した言葉である。このことから天女という発想には、道教の中核思想である神仙思想の影響をみることができる。

伝承にもどるならば、八人の天女たちのうち、一番下の妹が伊香刀美《いかとみ》という男によって天羽衣を奪われてしまう。その結果、天女は伊香刀美と夫婦になって二男二女を生むのであるが、最後は隠してあった天羽衣を探しあて、それを身にまとって天へ帰ってしまうのである。

同じ羽衣伝承でも、『丹後国風土記』の逸文として残されている奈具社の条は、また異なった展開をみせている。まず、その書き出しをみるならば、

丹後《たにはのみちのしり》国丹波郡。郡家の西北の隅の方に比治里あり。此の里の比治山の頂に井あり。其の名を真奈井と云ふ。今は既に沼と成れり。此の井に天女八人降り来て水浴みき。

と記されている。つまり、八人の天女たちが下界に降りてきて真名井という涌泉で水浴をしたというのである。この書きぶりは、先の伊香小江の条と同様である。しかし、両者に

は相違もみられる。それは、伊香小江の条が「天の八女、倶に白鳥となり」とあるのに対して、奈具社の条の方は単に「天女八人降り来て」と記されているのみで白鳥への変身については語られていないのである。

しかし、奈具社の条の続きを追うならば、

時に老夫婦あり。其の名を和奈佐の老夫・和奈佐の老婦と曰ふ。此の老等、此の井に至りて、窃かに天女一人の衣裳を取り蔵しき。即て衣裳ある者は皆天に飛び上りき。但、衣裳なき女娘一人留まりて、即ち身は水に隠して、独懐愧《ひとりはぢ》ぢ居りき。

となっており、天女の一人が老夫婦、すなわち人間によって天羽衣を奪われてしまうという経過をたどっている。こうした点は伊香小江の条と同じ展開をみせている。こうした点から考えて、伊香小江の条の天女と奈具社の条の天女とは質的に同様と把握してよいであろう。

さらに、奈具社をみると、

爰《ここ》に、老夫、天女に謂ひけらく、「吾は児なし。請ふらくは、天女娘、汝、児と為りませ」といひき。（中略）即ち相副へて宅に往き、即ち相住むこと十余歳なりき。爰に、天女、善く酒を醸み為りき。一坏飲めば、吉く万の病除ゆ。其の一坏の直の財は車に積みて送りき。時に、其の家豊かに、土形富めりき。（中略）後、老夫婦等、天女に謂ひけらく、「汝は吾が児にあらず。暫く借に住めるのみ。早く出で去きね」といひき。（中略）遂に退き去きて荒塩村に至り、即ち村人等に謂ひけらく、「老父老婦の意を思へば、我が心、荒塩に異なることなし」といへり。仍りて比治里の荒塩村と云ふ。

亦、丹波里の哭木村に至り、槻の木に拠りて哭きき。故、哭木村と云《い》ふ。

と続けられている。すなわち、天羽衣を奪われた天女は、老夫婦の子となる約束をかわして天羽衣を返してもらう。そして、十余年の間、天女は老夫婦の子として生活し、その間、万病にきく酒をつくり、老夫婦を大いに豊かにさせる。すると、豊かになった老夫婦は、こともあろうに天女をうとむようになり、天女の哀願もきかずに家から追い出してしまう。家を出された天女は、怒り嘆きながらあちこちをさまようことになる。

そして、奈具社の条は、最後に、

復《また》、竹野郡船木里の奈具村に至り、即ち村人等に謂ひけらく、「此処にして、我が心なぐしく成りぬ。古事に平善きをば奈具志と云《い》ふ。」といひて、乃ち此の村に留まり居りき。

斯は、謂はゆる竹野郡の奈具社に坐す豊宇賀能売命なり。

として伝承を結んでいる。老夫婦によって家を追い出された天女は、さまよった末に奈具村にたどりつき、ようやくこの地で心が穏やかになったというのである。そして、ここに留まったとしており、奈具社に祭られている豊宇賀能売命はこの天女のこととされている。

豊宇賀能売命《とようけのびめ》は、穀物神と考えられており、豊宇気比売神《とようけびめのかみ》、大宜都比売神《おおげつひめのかみ》、倉稲魂神《うかのみたまのみこと》、保食神《うけもちのかみ》、若宇加乃売命《わかうかめのみこと》、屋船豊宇気姫命《とようけびめのかみ》、宇賀神《うがじん》などの神々と同一神とみなされている。したがって、奈具社の条からは天女と穀物神との習合がうかがわれる。

また、羽衣説話ではないが、白鳥についての伝承が『常陸国風土記』の香島郡白鳥里《しらとりのさと》の条にみられる。

> 郡の北三十里、白鳥里あり。古老の曰へらく。伊久米の天皇のみ世、白鳥ありて、天より飛び来たり、僮女と化為りて、夕に上り朝に下る。石を摘ひて池を造り、其が堤を築かむとして、徒に日月を積みて、築《く》きては壊えて、之作成さざりき。僮女等、
>
> 　白鳥の羽が堤を
> 　つつむとも
> 　粗斑・真白き羽壊之
>
> かく口口に唱ひて、天に升りて、復降り来ざりき。此に由りて、其の所を白鳥郷と号く。（後略）

これがその内容であり、古老の話として、垂仁《すいにん》天皇の時代に白鳥が天上から舞い降りてきて童女となり、夕方には天上にもどり朝になるとまた地上にやってきたとある。そして、

石を拾って池を造り、さらに、堤を築こうとしたが完成せず、ついには天上へ帰ったまま降りてこなくなった、と伝えている。白鳥の数についても、先ほどの伊香小江の条のように明示されてはいないが、やはり、複数として扱われている。

また、白鳥は天女ばかりではなく、餅との関連性についても指摘することができる。『豊後国風土記』の総記条には、菟名手《うなで》という男が豊前国仲津郡の中臣村にやってきてそこで一泊したところ、

明くる日の昧爽《あかとき》に、忽ちに白鳥あり。北より飛び来たりて此の村に翔り集ひき。菟名手、即ち僕者に勒《おほ》せて、其の鳥を看しむるに、鳥、餅と化為《な》り、片時が間に、復、芋草数千許株と化りき。花と葉と冬も栄えき。

という状況に出会った、と記している。

同様の伝承が、やはり、『豊後国風土記』の速見郡田野の条にみられる。

田野郡の西南にあり。此の野は広く大きく、土地沃腴《こ》えたり。開墾の便、此の土に比ふものなし。昔者、郡内の百姓、此の野に居りて、多く水田を開きしに、糧に余りて、畝に宿めき。大きに奢り、已に富みて、餅を作《も》ちて的と為しき。時に、餅、白鳥と化りて、発ちて南に飛びき。当年の間に、百姓死に絶えて水田を造らず、遂に荒れ廃《は》てたりき。時より以降、水田に宜しからず。今、田野といふ、斯其の縁なり。

とあるのがそれであり、百姓が余った稲をとりこむことをせずに田の畝に捨てておくほど田野は広大で豊かであった、と記載されている。そのため、百姓はさらに驕りたかぶって餅を弓の的にしたところ、その餅が白鳥となって南方へ飛びさり、それ以後、水田は荒れはて百姓は死に絶えてしまったという。

一方、『山背国風土記』逸文にも類似の伝承がある。伊奈利《いなり》社の条をみると、土地の富裕者であった秦公伊侶具が餅を弓の的としたところ、それが白鳥となって飛び去り、山の峰に降りて稲に変わった、という伝承が残されており、これは現在の伏見稲荷大社の神社縁起にもなっている。この話は、さらに同じ『山背国風土記』逸文の鳥部里の条にもみられる。

これらから、白鳥には霊的なイメージ、天女のイメージ、そして、餅のイメージが指摘できる。とりわけ、『風土記』を通じてみた場合、白鳥と餅との関係が一見、思いもかけぬ関係のようであり興味深い。この両者の関係は、やはり、白という色彩からくるものであろう。もちろん、白といっても古代人にとっての白と、現代のわたくし達が想起する白とでは一様ではないであろうが、古代人は彼らの感覚で白鳥と餅とを同じ白色と把握していたのであろう。

また、とりあげた白鳥と餅との記載についてみるならば、すべてが同一の内容というわ

『豊後国風土記』にみられる白鳥と餅の関係

	白鳥——餅	備　考
総記条	→	・白鳥は北方より飛来 ・白鳥は餅に変化したあとさらに芋に変化
田野条	←	・白鳥は南方へ飛び去る

けではない。『豊後国風土記』から二例を紹介したが、総記条の伝承と田野の条のそれとを細部にわたって比較すればいくつかの相違点がみうけられる。たとえば、前の説話では、白鳥が餅になるのに対して、後のものは餅が白鳥になっており、逆の変化を示している。また、白鳥は双方とも南へ向かって飛んでいるが、前者では北から飛来したことを述べているのに対して、後者では南へ飛び去るという内容になっている。さらに、前者では白鳥は餅になったあと、芋に変化しており、話としては芋になることの方が重要視されている。そして、後者の話では百姓が驕って餅を粗末に扱って弓の的に用いたことから問題が起きているが、前者には弓の的のことは少しも述べられていない。

　このように、考えなければならないいくつかの相違点があげられるが、基本的には両者は、白鳥から餅へ、もしくはその逆への変化を示す説話であり、同一のパターンのものとみて良いであろう。『山背国風土記』の伊奈利社の条は、内容から明らかに後者に近いものといえるが、この場合、餅から変身した白鳥が山の峰に舞い降りて再び稲に変わるという、一層、複雑な構造をもっている。

これらのことを考え合わせると、色彩の類似から連想された白鳥と餅との関係が、稲や餅といった食物を粗末にし驕りたかぶる者への報復説話となっていることが理解できる。富裕者・餅・弓の的・白鳥、これらがそれぞれの部分に巧みに配置され、『風土記』のなかにおいてひとつの農耕民の説話を形成している。

『風土記』は基本的には、地名の由来・産物の種類・土地の状況・古老の伝承などを記した地誌にほかならないが、その点、この白鳥と餅との説話はいかにも『風土記』らしい説話ということができよう。

古代人とタブー

子供のころに「夜に口笛をふいてはいけない」といわれたことはないだろうか。なぜいけないのか、ということに対する答えは地域によって異なりがあるようである。たとえば、ヘビがくるとかどろぼうがくるとかいろいろである。こうしたタブーは、何も現代のみではなく、古代にもあったことが『風土記』からもうかがうことができる。

『播磨国風土記』の揖保郡にある麻打山《あさうちやま》の条をみると、昔、但馬国出身の伊頭志君麻良《いずしきみまら》比《ひ》という人物が、この山に住みついたという。家族に二人の女性がいたが、夜、麻を打つに、即て麻を己が胸に置きて死せき。故、麻打山と号く。今に此の辺に

　居る者は、夜に至れば麻を打たず。

というように、夜に麻を打ったために死んでしまったという。そのため周辺の人びとは夜には麻を打たないとしている。何やら、麻と朝・夜をごろ合わせにして、麻を夜に打ったので命を失うことになったというこじつけのようなタブーである。

『播磨国風土記』の同じ揖保郡の神島にもタブーが残されている。神に関わるタブーであるが、不思議なタブーでもある。神島の西に石神があり、仏像に似ているという。この石神の顔には五つの玉があり、胸には涙が流れたあとがあった。泣いたあとの由来については、応神朝に新羅の使節が来朝したとき、この石神像の珍玉をみて、瞳のひとつをえぐりとったため、神が泣いたのだという。さらに、神は大変、怒って暴風を起こして新羅の使節の船を沈めた。高島の南の浜に船は難破し、新羅人たちは全員助からなかった。死体はその浜に埋められたことから、その浜は韓浜となづけられた。そして、最後に、

　今に、其処を過ぐる者は、心に慎み、固く戒めて、韓人といはず、盲の事に拘らず。

と記している。これは、海上交通の安全のためのタブーと考えられる。ストーリーすべてを歴史的事実とみることは、もちろんできないが、応神朝は渡来人が多く来朝した時期として知られる。なかば伝説上の人物であるが、漢字や千字文を伝来させたとされる王仁《わに》、やはり文筆・出納にたけていた阿知使主《あちのおみ》、養蚕や機織の技術をもたらしたといわれる弓《ゆ》

月君《づきのきみ》、といった人々はいずれも応神朝に渡来してきたとされる。さらに、古代における播磨の地が交通の要衝であったことを考慮すると、こうした外国人との間の何らかのトラブルや外国人をまきこんだ海の事故などがあったのかもしれない。

海上の交通安全に関わるタブーは、『出雲国風土記』にもみられる。島根郡の加賀神埼《かかのかんざき》条に記されているものである。この加賀神埼には巨大な洞窟があり、「高さ一十丈ばかり、周《めぐ》り五百二歩ばかりなり」と記されている。この洞窟は出雲の四大神に数えられる佐太大神が生まれた場所としても知られる。「東と西と北とに通ふ」とあるように、現在も三方に口を開けた洞窟が残されていて、潜戸鼻《くけどばな》と称されている。夏場のみに限って、この洞窟やその周辺をコースにしてグラスボートが運行しているが、それでも波の高い日は欠航となる。こうした洞窟に関して、『出雲国風土記』は、

今の人、是の窟の辺を行く時は、必ず声磅礚《とどろ》かして行く。若し、密かに行かば、神現れて、飄風《つむじかぜ》起こり、行く船は必ず覆へる。

と記載している。当時の漁民たちがこの洞窟のあたりをいくときには大声を出していくというのである。もし、声も出さずひっそりといくならば、神が出現してつむじ風を起こし、船は必ず沈んでしまうと記している。

古代人たちが船でこの洞窟のあたりを往来するときは、いかなる気持ちであったのであ

加賀潜戸（新潜戸）（写真提供　ピクスタ）

新潜戸内部より外（日本海）を臨む（写真提供　ピクスタ）

ろうか。現在でも洞窟の中へ入ると声や物音が反響し、神々しくもあり、また、同時に不気味でもある。洞窟内には佐太大神の母神であるキサカヒメ命の社があると『出雲国風土記』は記している。洞窟内には、鳥居が設けられているが、キサカヒメ命の神霊自体は、現在は加賀浜に遷され、潜戸《くけど》神社として祀られている。古代の海人たちがもっていたであろう海への恐れと奇異な洞窟、それに洞窟がもつ伝承があいまって、こうしたタブーが生まれたのであろう。

『出雲国風土記』には、もうひとつ興味深いタブーがみられる。山間部の仁多郡三沢郷に残されていたタブーである。それによると、オオクニヌシ神の御子であるアジスキタカヒコ神は、成人しても一日中泣いてばかりいて、言葉も通じないありさまであった。オオクニヌシ神はいろいろあやすが効果はなく、ついに、夢に御子の泣く理由を告げるように祈ると、御子がしゃべるようになるという夢をみる。めざめて御子にしゃべれるか否か問うと、「御沢」と答えたという。すかさず、それはどこかと問うと、御子はどんどん歩いて行き、石川を渡り、坂の上に至って、ここであるといったとあり、それに続けて、

その時、其の水活《なが》れ出でて、御身沐浴《みみかはあ》みましき。故、国造、神吉事奏《かむよごとまを》しに朝廷に参向ふ時、其の水活れ出でて、用ゐ初むるなり。此に依りて、今も産める婦は、彼の村の稲を食はず、若し食ふ者あらば、生まるる子已に云はざるなる。故、三沢といふ。

と記載されている。

この三沢郷の伝承は、三つの部分からなっている。まず、オオクニヌシ神の御子であるアジスキタカヒコ神が成人しても泣きつづけ、言葉を発することができなかったという部分である。『古事記』や『日本書紀』などにみられるホムツワケ伝承を思わせる内容である。『出雲国風土記』では、アジスキタカヒコ神が三沢の水で「御身沐浴み」、つまり、ミソギをすることによって言葉を得るというストーリーになっている。

さらに、三沢の水は、出雲国造が神賀詞を奏上するために朝廷へ向かうときにおこなう潔斎に用いられるとある。これは、出雲国造のみがおこなった「出雲国造神賀詞」奏上儀礼に関する記事であり、国造が朝廷におもむく際におこなう潔斎で最初に用いる水が三沢のものであるというのである。潔斎の初めに使用されるということから、三沢の水の特殊性がうかがわれるし、その特殊性の根拠になっているのは、アジスキタカヒコ神のこの伝承と考えられる。すなわち、アジスキタカヒコ神の障害を解除する霊力を三沢の水はもっていたと考えられていたのである。

また、妊婦はこの村の稲を食べないとあり、もし食べれば言葉を話せない子が生まれると記載されている。この部分がタブーにあたるわけであり、三沢の水で作った米を妊婦は口にしないというのである。ここからうかがいしれることは、言葉をしゃべることができなかったオオクニヌシ神の子供のアジスキタカヒコ神がそのケガレを解除することができた水は、その段階でケガレが移ったということである。そのためケガレを含んだ水によってできた稲を食べると、言語障害が感染して、子供はしゃべることができないということになる。

つまり、三沢の水には霊力があり、障害をとり除くことができる。そうした霊水としての力は保持され続け、これが出雲国造の潔斎に用いられることになる。しかしその一方で、ミソギによってはらわれたケガレが水に移り、そのことがもとで、妊婦がその水で作られた稲を食べると生まれた子はしゃべることができない、というケガレを発生させる原因にもなるというのである。三沢郷の伝承は、タブーの類例としても興味深いものがあるが、霊水がもつ二面性という点についても考えさせられる内容をもっている。

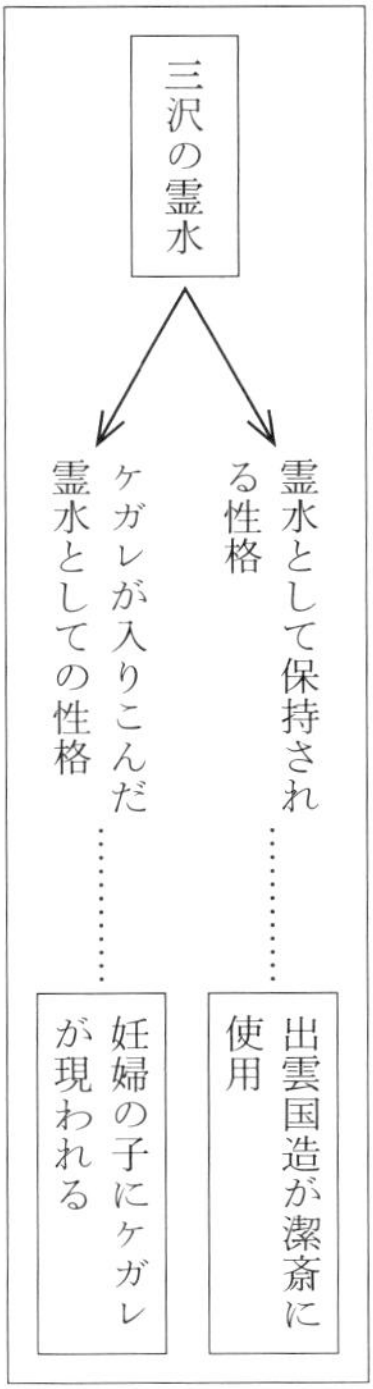

霊水の二面性

第五章　古代の生活を支えるもの

開墾をめぐる神と人びと

土地の開墾は、いつの時代でも重要で命がけの仕事であった。古代においても例外ではない。『風土記』をみても、井戸掘りや水利をめぐる争いが散見される。たとえば、『播磨国風土記』の宍禾郡《しさわぐん》の安師《あなし》川の条には、安師川の名称はアナシヒメ神に由来するとあり、この女神にイワ大神がつま問いした伝承が載せられている。その結末は、

> 伊和大神、娶誂《つまどひ》せんとしき。その時、此の神、固く辞びて聴かず。ここに、大神、大く瞋《いか》りまして、石を以ちて川の源を塞きて、三形《みかた》の方に流し下したまひき。故、此の川は水少し。

といったようなものであった。イワ大神はつま問いに失敗してしまう。大神の怒りはおさまらず、石で川の源をふさいで、安師川への水量を減らしたというのである。これは、表面上は、アナシヒメ神とイワ大神の男女二神による恋のもつれ話であるが、背景として、この地域の人びとによる田の水のための水利抗争が想定されよう。

こうした伝承がより激烈化したものが同じ『播磨国風土記』の揖保郡の美奈志川《みなしがは》の条にみられる。それによると、イワタツヒコ命と妹のイワタツヒメ命の二神が、川の水を互いにきそいあったとある。イワタツヒコ命の方は北方の越部村の方へ水を流そうとし、イワ

タツヒメ命の方は南方の泉村へ水をもってこようとした。そこで、まず、イワタツヒコ命が山の峰をふみくだいて流路を変えたところ、イワタツヒメ命は櫛で川の流れをせきとめ峰の辺りに溝を開いて泉村の方へ水が流れるようにした。すると、イワタツヒコ命は泉村に流れている川の下流へ行き、流れを変えて今度は西方の桑原村へ水を流そうとしたというのである。それに対して、イワタツヒメ命は、下樋を作り、そこに水を流して泉村の田の方へと水を導いたとある。二神の水争いは、このようにきりがなく、ついにはこの川の水量は絶えてしまったと伝承はしめくくっている。

イワタツヒコ・イワタツヒメ両神の水利抗争は激しく止むことがなかったわけであるが、農民にしてみれば、稲作をおこなう上で田の水を得ることができるか、奪われるかはまさに生死を分ける重大事といえる。両神の激しい争いは、そのことを反映しているといってもよいであろう。

視点を変えて、開墾ということを考えると、民と神とのせめぎ合いということになる。それまで神の領域であった未開の土地に人が入ってきて田畑にしていくわけであり、人びとは神との折り合いをどうつけるのかという問題に直面することになる。『常陸国風土記』の行方郡の条は、そのことを如実にものがたっている。時代は継体朝のこととされる。箭《や》括麻多智《はずのまたち》という人物が田を開墾しようとした時、夜刀神《やつ》、相群れ引率て、悉尽《ことごと》に到来たり、左右に支障へて、田佃らしむることなし。

という状況になる。すなわち、夜刀神が群れをなしてきて開墾を妨害したというのである。

ここに登場する夜刀神は、

俗《くにひと》いはく、蛇を謂ひて夜刀神と為す。其の形は、蛇の身にして頭に角あり。率引て難を免るる時、見る人あらば、家角を破滅し、子孫継がず。凡《すべ》て、此の郡の側の郊原に甚《いと》多に住めり。

とあって、頭に角をもった蛇のことといっている。この神の恐いところは、人々が逃げる時にふり返ってみてしまうと一族が滅ぼされてしまうというのである。こうした夜刀神の妨害に対して、麻多智はどう対処したかというと、伝承は、こう続けている。

大きに怒の情を起こし、甲鎧《よろひ》を着被けて、自身仗《ほこ》を執り、打殺し駈遂《おひや》らひき。乃ち、山口に至り、標《しるし》の梲《つえ》を堺の堀に置て、夜刀神に告げていひしく、此より上は神の地と為すことを聴《ゆる》さむ。此より下は人の田と作すべし。

すなわち、麻多智は大いに怒り、武装して自ら矛を手にして夜刀神を打ち殺して追い払ったのである。そして、夜刀神を追って山と平野の堺までやってきて、ここに堀を作り境界の杭を立て、ここより山は夜刀神の地、ここより下の平野は人が田を作る地であると宣言するのである。そして、今より後、吾、祝と為りて、永代に敬ひ祭らむ。冀《ねが》はくは、な祟りそ、な恨みそといひて、社を設けて、初めて祭りき、といへり。即ち、還、耕田一十町余を発して、麻多智の子孫、相承けて祭を致し、今に至るまで絶へず。

と記している。麻多智は、夜刀神を祭る祝になって、永代にわたって奉仕することを約束して、神社を造り、その神社のために田十町を開き、子孫にいたるまでずっと祭事を継承しているというのである。

つまり、麻多智は夜刀神を追い払ったわけであるが、神を否定したのではなく、十分に畏敬の念をもっている。ただ、開墾のために境界を定め、人と神との住み分けをはかったのである。

この伝承には、その後の話としてもうひとつ伝承がついている。それは、孝徳朝のこととされる。先の麻多智の伝承は継体朝とされていた。このように、天皇の名を伝承の前に出し、あたかもその天皇の時代の出来事のようにするのは『風土記』のひとつの手段である。したがって、そのまま受けとることはできないのであるが、一応、継体朝は六世紀初めごろ、孝徳朝は七世紀半ばごろにそれぞれ相当し、両者の間には一〇〇年あまりの時代差があることになる。

伝承の内容にもどると、壬生《みぶ》連麿という人物が、かつて麻多智が開こうとしていた場所に池を築いて再度、開墾をはかったというのである。するとその時、やはり夜刀神が現われ、池の辺の椎の木に群れ昇り、一向に去らなかった。その有り様をみた麿がはなった言葉は、

此の池を修めしむるは、要は民を活かすにあり。何の神、誰の祇ぞ、風化に従はざるといひて、即ち、役《えだち》の民に令《おほ》せていひけらく、目に見る雑の物、魚虫の類は、憚り懼るるところなく、随尽《ことごと》に打殺せ。

というものであった。麿は、この池を造ったのは民のためであり、天皇の風化に従わない夜刀神は一体、どこの神かというのである。そして、作業のために集めた人夫たちに、目に入る一切の物や魚虫の類はとまどうことなくすべて打ち殺してしまえと命令するのである。一方、夜刀神はどうしたかというと、麿の言葉を聞くやいなや、その姿を隠してしまったというのである。ここには、夜刀神に対する畏敬の念はまったくといってよいほど感じられない。天皇の命令のもと、民のためにおこなっている行為をさまたげるものは、どんな神であっても許さないという人間側の主張のみが強く感じられる。

二つの伝承をかたや継体朝、かたや一〇〇年あまりのちの孝徳朝のものと単純にいうことはできないながらも、開墾という要素を媒介にして、人と神との間の関係性の変化がうかがわれ興味深い。

さまざまな水産物

古代人、それも庶民たちが一体どのようなものを食べていたかを知ることは、なかなか難しいが、それだけに興味ある点でもある。『風土記』は、そうした欲求をかなえてくれる絶好の史料ともいえる。水産食料品に限定してみても、『風土記』には種々の記載がみられる。今も昔も〝食〟は人間の基本的欲求に変わりないものであるし、何よりも和銅六年（七一三）に出された『風土記』作成の命が各々の国内の産物名の列挙を求めているのであるから、『風土記』の中にみられる多様な水産物関係の記載は当然のことともいえるのである。

しかし、たとえば『常陸国風土記』の行方《なめがた》郡の行方の海にみられる「海松《みる》、及び塩を焼く藻生ふ。凡て海にある雑《くさぐさ》の魚は載するに勝《た》ふべからず。但、鯨鯢《くぢら》は曽《むかし》より見聞かず」という記載に接すると、現在の茨城県にあたる地域に鯨《くじら》のことが記されていることに興味がひかれる。もっとも、この記事は、鯨のことは昔から見きしないといっているのであるが、このことは逆にいうと常陸国の人々が鯨を知っていたということをものがたっているといってよいであろう。そのことは、同じ『常陸国風土記』の行方郡の男高里《おだかのさと》の条に、鯨岡とよばれる岡があるとあり、その地名由来は、国宰、当麻大夫の時、築きし池、今も路の東にあり。池より西の山に猪・犬、多に住み、草木多密れり。南に鯨岡あり。上古の時、海鯨、匍匐ひて来り臥せりき。

とある。これによると、昔、鯨がここにやってきて臥せったことによるとしている。また、久慈郡をみると、

古老のいへらく、郡より以南、近く小さき丘あり。体、鯨鯢に似たり。倭武天皇、因りて久慈《くじ》と名づけたまひき。

と記載されている。すなわち、古老の伝承として、郡の南に小さな丘があり、その形が鯨に似ているとある。そこで、ヤマトタケルが、ここを久慈と名づけたとのべており、鯨に似た丘があることが郡の名称由来になっている。

男高里の記事は、鯨岡の地名由来であり、久慈郡のものは郡の名称由来についてのべたもので、いずれも丘の形と鯨との類似が基になっている。特に、久慈郡の伝承のように、それが、郡の名称の由来にまでなっているということは、やはり、常陸国の人々に鯨に対する認識が十分にあったことをうかがわせる。

『常陸国風土記』のなかでは、塩の記載もみのがせない。さきほどあげた行方の海の条をみると、「塩を焼く藻生ふ」とある。また、同じ行方郡の板来村の条にも、

其の海に、塩を焼く藻・海松《みる》・白貝《おふ》・辛螺《にし》・蛤《うむき》、多に生えり。

とある。ここにいう海とは、霞ヶ浦のことであり、そこでとれる産物として、製塩のための藻があげられている。つまり、霞ヶ浦には塩を焼く藻がたくさん生えているというのである。こうした地域ではおそらく、藻を使った製塩がおこなわれていたのであろう。

『常陸国風土記』から水産物の例を紹介してみたが、これら水産物の記載が最も詳しいのは『出雲国風土記』である。『出雲国風土記』をみると、全九郡にわたって水産物の産地と品目の記載がみられる。このうち、飯石・仁多・大原の三つの郡は内陸部ということもあって、もっぱら川魚の種類が記されている。品目をまとめた表を参考にしてみてみると、川魚の中では年魚《あゆ》が最も多くみられる。もちろん、品目の登場回数と捕獲量の多さとは必ずしも一致しないが、それでも表のように年魚が圧倒的な頻度をみせていることを考慮するならば、やはり、年魚が川魚の代表とされており、とれ高もそれなりに多かったとみてさしつかえないであろう。

これらの三郡を除く意宇・島根・秋鹿・楯縫・出雲・神門の六つの郡はすべて海に面しているがその中でも島根半島部がやはり海産物の収量が多かったと考えられる。同じ海に面した郡でも、意宇と神門は、表からも明らかなように、年魚と伊具比《いぐい》が多くみられ、淡水魚が中心であったと思われる。

島根半島部の島根・秋鹿・楯縫・出雲の四郡には、場所ごとの産物名の列挙とともに、

郡名	地名	産物名
秋鹿	恵曇池	鮒
	白島	紫苔菜
	著穂島	海藻
		◎入海―鯔魚・須受枳・鎮仁・鯿鰕など
		◎日本海―鮐・沙魚・佐波・烏賊・鮑魚・螺・胎貝・蚌・甲蠃・螺子・石華・蠣子・海藻・海松・紫菜・凝海菜
楯縫	御津島	紫菜
	能呂志島	紫菜
	許豆島	紫菜
		◎入海・日本海―秋鹿郡の産物と同じ
出雲	出雲大川	年魚・鮭・麻須・伊具比・魴・鱧など
	意保美小川	年魚
	西門江	鮒
	大方江	鮒
	気多島	紫菜・海松・鮑・螺・蕀甲蠃
	大前島	海藻
	脳島	紫菜・海藻
	黒島	海藻
	御厳島	海藻
	等等島	蚌貝・石花
	栗島	海藻
	黒島	海藻
	御埼	鮑
		◎入海―秋鹿郡 ◎日本海―楯縫郡 }と同じ
神門	神門川	年魚・鮭・麻須・伊具比
	多岐小川	年魚
	神門水海	鯔魚・鎮仁・須受枳・鮒・玄蠣
		◎日本海―楯縫郡と同じ
飯石	三屋川	年魚
	須佐川	年魚
	磐鉏川	年魚
仁多	横田川	年魚
	室原川	年魚・麻須・魴・鱧など
	灰火川	年魚
	阿伊川	年魚・麻須
	阿位川	年魚・麻須
	比太川	年魚
大原	斐伊川	年魚・麻須
	海潮川	年魚
	須我小川	年魚

出雲国の水産物

郡名	地名	産物名
意宇	伯太川	年魚・伊久比
	飯梨川	年魚・伊具比
	筑陽川	年魚
	意宇川	年魚・伊久比
	玉作川	年魚
	来待川	年魚
	塩楯島	蓼螺子
	蚊島	螺子・海松
島根	水草川	鮒
	法吉坡	鮒・須我毛
	（浜）	白魚　朝酌の渡と大井浜間に所在
	（浜）	白魚
	大井浜	海鼠・海松
	鯉石島	海藻
	宇由比浜	志毗魚
	盗道浜	志毗魚
	澹由比浜	志毗魚
	加努夜浜	志毗魚
	美保浜	志毗魚
	等等島	禺禺
	黒島	海藻
	比佐島	紫菜・海藻
	長島	紫菜・海藻
	赤島	海藻
	宇気島	海藻
	黒島	海藻
	黒島	紫菜・海藻
	黒島	紫菜・海藻
	亀島	紫菜・海藻
	蘇島	紫菜・海藻
	間島	海藻
	毛都島	紫菜・海藻
	黒島	海藻
	小黒島	海藻
	比羅島	紫菜・海藻
	黒島	紫菜・海藻
	赤島	紫菜・海藻
	三島	海藻
		◎入海―入鹿・和爾・鯔・須受枳・近志呂・鎮仁・白魚・海鼠・鰝鰕・海松など
		◎日本海―志毗・鮐・沙魚・烏賊・蜛蝫・鮑魚・螺・蛤貝・蕀甲蠃・甲蠃・蓼螺子・蠣子・石華・白貝・海藻・海松・紫菜・凝海菜など

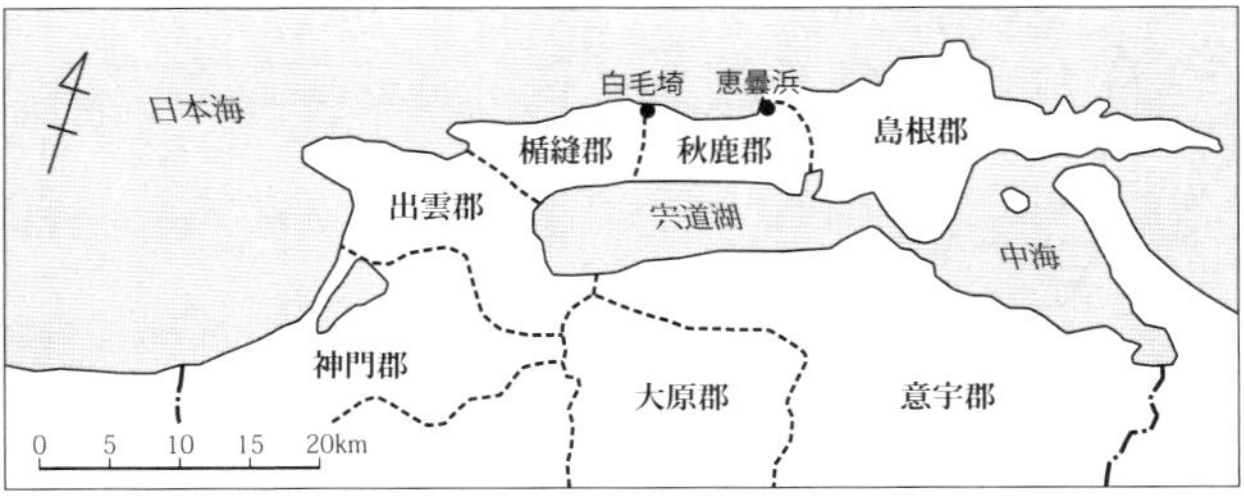

出雲国の海岸部

入海（宍道湖）と北海（日本海）でとれる海産物のまとめが記されており、海産物の豊富さがうかがわれるが、それらの中でも島根郡には、最も多くの捕獲場所が記載されており、とれ高の多さをうかがうことができる。いうなれば、島根郡には、海人たちが活動する一大漁業基地があったと思われる。そのことは、『出雲国風土記』の秋鹿郡恵曇浜《えともはま》の条に、

浦の西の磯より起りて、楯縫郡の堺なる自毛埼に尽るまでの間、浜は壁峙崔嵬しく、風静かなりとも、往来の船、停泊つるに由なき頭なり。

とあり、この浦の西から楯縫郡の自毛埼にいたるまでの間は、風が静かでも往来する船が停泊するための港がないと記されている。

すなわち、恵曇浜は、島根郡と秋鹿郡の境にある浜であり、ここから西が秋鹿郡となるが、楯縫郡との境界である自毛埼までの間は船がつくような港はないといっているのである。したがって、秋鹿郡の日本海側は、ほとんど港に恵まれてい

ないといってよいであろう。こうしたことから、島根郡と秋鹿郡との間には、海産物の捕獲量という点においても大きな差があったと考えられる。楯縫郡と出雲郡とについても、捕獲場所の数からみてやはり量的にも島根郡には及ばなかったと判断できる。

しかし、興味深いのは、楯縫郡の日本海側でとれる産物のまとめの中に、

　但、紫菜《のり》は楯縫郡、尤も優れり。

と記されていたり、出雲郡の産物のまとめのところに、

　但、鮑《あわび》は出雲郡、尤も優れり。捕る者は謂はゆる御埼の海子、是なり。

と記されていることである。とくに、出雲郡の方には、鮑をとる「海子《あま》」についての記載がみられ、これは、海人による潜水漁という点で対馬海流を媒介とした北九州の宗像の海人や韓国の済州島の海人などとの交流も想起される。

これらの水産物・海産物の捕獲方法については、あまり詳しく知ることはできないが、『出雲国風土記』にみられる語臣猪麻呂《かたりのおみいまろ》の復讐話は興味深い。それは、意宇郡の安来郷にみられるものであり、

　即ち、北の海に毘売埼あり。飛鳥浄御原宮に御　宇《あめのしたしろ》しめしし天皇の御世、甲戌《きのえいぬ》の年七月十三日、語臣猪麻呂の女子、件の埼に逍遥《もとほりあそ》びて、邂逅《たまさか》に和爾《わに》に遇ひ、賊《そこな》はれて皈《かへ》らざりき。その時、父の猪麻呂、賊はれし女子を浜上に歛《をさ》めて、大《いた》く苦憤《うれへいきどほ》り、天

語臣猪麻呂像
（写真提供　島根県古代出雲歴史博物館）

に号《さけ》び地に踊り、行きて吟《さまよ》ひ居て嘆き昼も夜も辛苦《たしな》みて、飲めし所を避《さ》ることなし。是《かく》する間に、数日を経歴《へ》たり。然して後、慷慨《うれた》む志を興し、箭を磨《す》り、鋒を鋭くし、便の処を撰びて居りて、即ち撞《をろが》み訴へまをしけらく、天神千五百万はしら、地祇千五百万はしら、幷に当国に静まり坐す三百九十九社、及、海若《わたつみ》等、大神の和《にぎ》み魂は静まりて、荒み魂は皆悉《ことごと》に猪麻呂が乞《こひの》むところに依り給へ。良《まこと》に神霊有らませば、吾に傷はしめ給へ。ここをもて神霊の神たるを知らむとまをせり。その時、須臾《しまし》ありて、和爾、百余り静かに一つの和爾を囲繞《かく》みて、徐に率て依り来て、居る下に従《つ》きて、進まず退かず、猶、囲繞めるのみなり。その時、鋒を挙げて中央なる一つの和爾を刃《さ》して、殺し捕ること已に訖へぬ。然して後、百余りの和爾、解散《あら》けき。殺割《さ》けば、女子の一脛《かたはぎ》屠り出でき。仍りて、和爾をば殺割きて串に挂け、路の垂《ほとり》に立てき。安来郷の人、語臣与が父なり。その時より以来、今日に至るまで、六十歳を経たり。

とある。この伝承は、毘売埼《ひめさき》を舞台として、娘をワニに殺された猪麻呂の復讐を描いたものであるが、「箭を磨り、鋒を鋭くし」とか、「鋒を挙げて中央なる一つの和爾を刄して」とかという描写から当時の漁業の情景が浮かんでくる。このことは、やはり、『出雲国風土記』にみられる国引き神話の中に「大魚のきだ衝き別けて」とある表現なども相つうじるところがあって興味深い。

『常陸国風土記』や『出雲国風土記』の記載を用いて水産物についてみてみたが、古代人と海のつながりの強さを感じることができるであろう。わたしたちは、ともすると古代人と農業という点を重視しがちであるが、実際は現在のわたしたちが思いもよらぬほど古代人は海とのつながりが強かったのであろう。

国境に住む人びと

わたしたちは、現在、都・道・府・県のいずれかの住民として生活している。しかし、これらの都道府県制は、行政上の区分にすぎず、住民の実際の生活空間とは必ずしも一致していないとはいえない。しかしその反面、どこの県に住んでいるかということは、知らず知らずのうちに、そこに住む住民に特定のイメージをうえつけることも多々あるように思われる。たとえば首都圏を例にしてみても、東京都・神奈川県・埼玉県・千葉県、それぞれに居住する人々には、それなりのイメージをもたれているのではなかろうか。いうまでもなく、住居は埼玉県であるが、仕事場は東京都という人も多数存在する。それにもかかわらず、東京都と埼玉県との間には、両者を区別するイメージとしての境が明確にあるように思われる。

こうした、いわば境界のマジックともいうべきものに、ついついわたしたちはおちいりがちである。これは、現代に限らず古代にも通じるように思われる。古代の場合、現在の都道府県に相当するのは「国」である。もちろん、それはあくまでもおおむねであり、同一視することはできないが、最も近い感覚は「国」である。『風土記』は、この国単位に編纂されて、政府へ上申されたものである。

したがって、わたしたちは『常陸国風土記』というと、そこには常陸国のことがらのみが記されているように思いがちである。このように思うのは一見、当然のことのようであるが、実は境界のマジックに落ちているといえるのではなかろうか。つまり、そうした考えの中には、国と国の境に住む人々のことが欠落してしまっているのである。『風土記』を注意深くみていくと、こうした国の境界についての興味深い記載があることに気がつく。『播磨国風土記』の託賀郡にみられる一連の伝承は、その好例といえよう。具体的にま

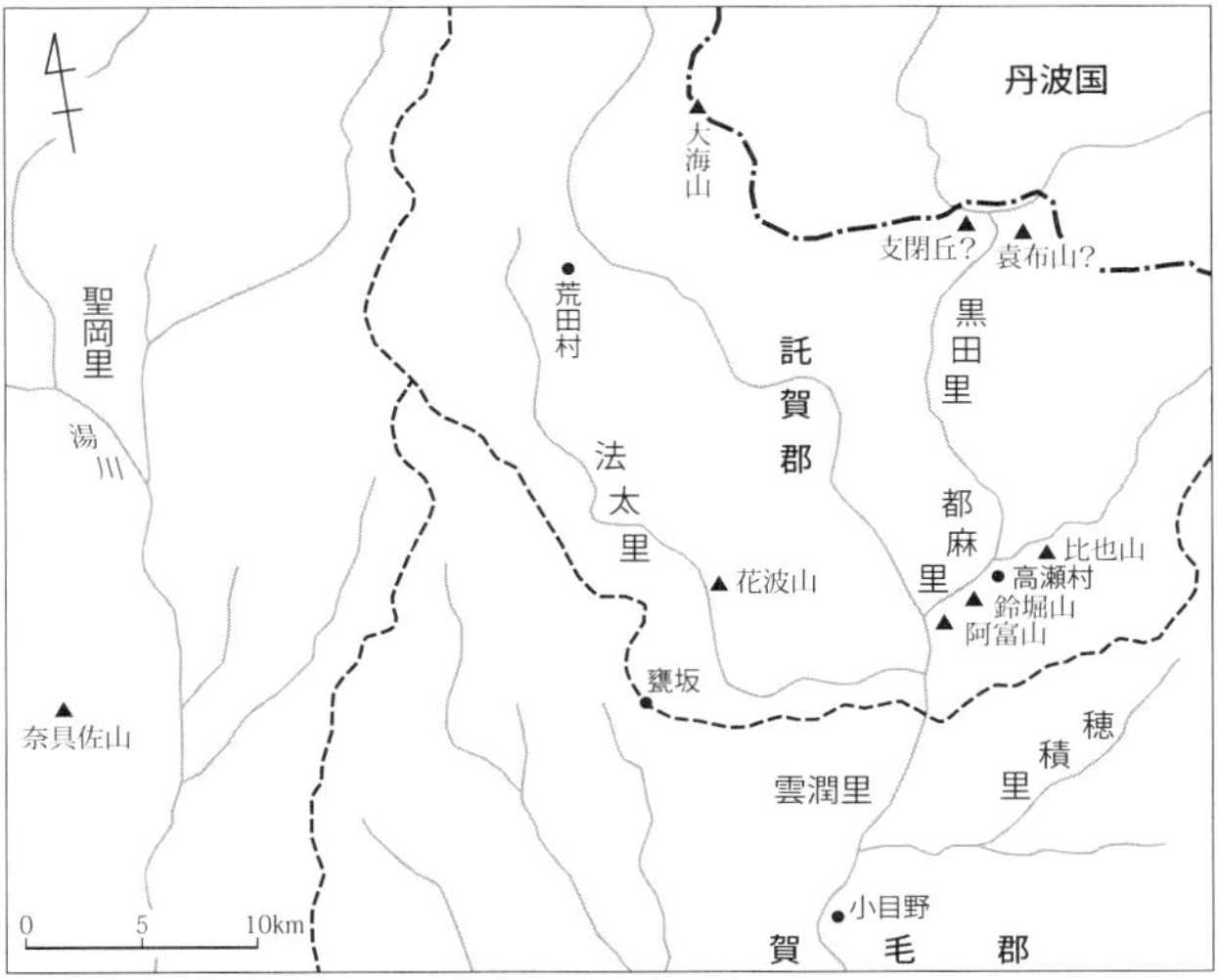

播磨国託賀郡とその周辺

ず、都太岐《つたき》の地名由来をみるならば、昔、讃伎日子神《さぬきひこのかみ》が氷上刀売《ひかみとめ》に求婚したところ、氷上刀売はこれを拒絶したという。ところが、讃伎日子神はあきらめず、前にも増して強引に求婚したので氷上刀売は怒り、建石《たけいはの》命《みこと》を雇って戦争を起こし讃伎日子神を退けた。敗れた讃伎日子神は「我は勘《いた》く怯《つたな》きかも」といって去ったので、この地を都太岐というようになった、という内容である。

　ここに登場する神々のうち、讃伎日子神は四国の讃岐国の神であり、氷上刀売は託賀郡の北に隣接する丹波国氷上郡の神とされている。また、建石命は播磨国の神といわれている。

つまり、この伝承は、播磨国の託賀郡を舞台として、丹波・讃岐・播磨の諸勢力が入り乱れて戦ったことを反映したものであるとされている。

さらに、託賀郡の法太《ほうだ》里の条には、讃伎日子神と建石命が戦ったとき、讃伎日子神が負けて逃げるさいに「手以て匐ひ去にき」とあり、讃伎日子神がはって逃げたので、ここを匐田《はうだ》というとあり、匐田から法太になったことが知られる。また、同郡の甕坂《みかさか》の条には、讃伎日子神が逃げ去ったとき、建石命は、この地まで追いかけてきて、「今より以後はこの界に入ることを禁ずる」といって、御冠《みかげ》をこの坂に置いたとある。この伝承には、異伝も記されており、それによると、丹波と播磨が国境を争っていたとき、大甕をこ坂の上に埋めて境界としたと伝えている。

いずれにしても、この甕坂の伝承は興味深い。建石命が置いたとされる御冠とは、頭髪につける装飾用の蔓草などのことであり、玉や鏡などと共に呪術的な力をもっているとされるものである。この呪力をもつ御冠を置くことによって、境界を定めたというのである。また、大甕を埋めて丹波と播磨の国境としたということから、以前は託賀郡のあたりまで丹波国であったかの印象を受ける。

しかし、この点については、国制が実施される以前の段階、すなわち、大化前代において、丹波の勢力がこの地にまで及んでいたと考えるほうが妥当と思われる。

弓ヶ浜と大山（写真提供　ピクスタ）

これらの例からもわかるように、託賀郡と称された地域に生きた人々には、律令制下の国という枠組ではとらえきれない微妙な歴史があったことがうかがわれる。

また、『出雲国風土記』にみえる国引き神話は、よく知られた神話であるが、その中に出雲国の地名に混じって、伯耆国の夜見島や火神岳といった地名が記されている。

国引き神話は、ヤツカミズオミヅヌ神が四カ所から土地を分けとってきて出雲国の領域を拡大したという国作りの神話であり、『出雲国風土記』のなかでも重要な位置を占めている。その神話のなかで、ヤツカミズオミヅヌ神が土地を引くのに用いた綱が夜見島であり、綱をまきつけて固定するのに使った杭が火神岳ということになっている。火神岳は、鳥取県の大山のこととされる。一方、夜見島については、『出雲国風土記』の島根郡蜈蚣《むかで》島《じま》の条にも「伯耆国の郡内の夜見島」と明記されているように鳥取県の地名であり、弓ヶ浜がそれに相当する。つまり、出雲国の東に隣接する伯耆国の地名が『出雲国風土記』の国引き神話を構成する要素として登場しているのである。このことも『出雲国風土記』には出雲国のことのみが記されているという考え方では把握しきれない問題である。

この国引き神話のなかの伯耆国の地名混入については、国制が導入される以前に出雲地域の支配者であった出雲氏が夜見島や大山のあたりまで勢力を及ぼしていたことの反映とされている。とするならば、かつて夜見島や火神岳の周辺に生活していた人々は、出雲地域の支配者の勢力下に置かれていたということができる。

古代における国境は、山や川といった自然の要素による境界が主であったと思われる。そのような自然によって厳然と区分されていた場合には、国境に生活する人々の数もそれほど多くはなく、彼らの日常生活にしても、国境を越えて隣国と交渉をもつなどということは少なかったであろう。しかし、国境が地形的にルーズに決められていた場合には、こうした考えは一変してしまう。つまり、国境が厳しくさえぎられていない場合には、双方の国境付近に生活する人々の間に相互交流があったであろうことは想像に難くない。ここでとりあげた『播磨国風土記』や『出雲国風土記』の伝承は、そうしたことの可能性を十分にうかがわせるものといえよう。

古代人と特産物

グルメという言葉は、もうすっかり日本語の中に定着しているようにみうけられる。日本列島にとどまらず、世界中の美味が手軽に手に入れられる時代になった。それにつれて消費者の目も舌も一層、肥えることになる。こうしたさいに選ばれる品々は、ふつう一般に手に入る物とは異なり、それらよりランクが上の物といってよいであろう。いわば特産の品、特産物ということになる。

こうした特産物という意識が古代からあるのであろうか。あるとすれば、産地は国単位なのか、それとも郡ごとなのか、といったことは、興味深い問題である。なぜならば、特産物が成立する背景には、それらの産物を他のものと比較して、より欲求する人々がいることを意味している。また、特産物をやりとりするマーケットの存在も浮かび上がってこようし、さらには、産地とマーケットとのルート、すなわち流通の問題も考えなくてはならないであろう。

これらのことを考えるならば、特産物のことをとりあげるのは、とても重要なことであるが、古代の場合、その手がかりは多いとはいえない。そもそも特産物という言葉は、多分に近代的な感じがし、前近代においては「土産」という方がよいかもしれない。たとえば、一一世紀の半ばごろの成立と思われる『新猿楽記』の中に登場する四郎君《しろうぎみ》といわれる人物の描写が想起される。四郎君は、諸国の土産を集めた富裕者であるが、その土産の中に出雲のものも紹介されている。それによると、「出雲筵」と記されており、畳などに用いられる筵《むしろ》となっている。

このように、藤原明衡《あきひら》の晩年の作かとされている『新猿楽記』を参考にすると、一一世紀の半ばごろには国ごとにさまざまな土産、すなわち特産物が成立していたであろうことをうかがうことができる。さらにみていくと、永延二年（九八八）に尾張国の郡司や百姓らが、国守であった藤原元命《もとなが》を訴えた「尾張国郡司百姓等解文」の中に、「漆は丹羽郡の土産なり」とある。ここから、『新猿楽記』に先立つ一〇世紀後半の段階にも特産物といってよいような記述をみることができる。ここでは、郡名に産物がついており、平安時代には、郡をひとつの単位として特産物が認識されていたことが推測される。

こうした特産物を税制の面からみるならば、律令制下の調《ちょう》にたどりつくであろうし、さらには大化前代のミツキやニエにまでいきつくと思われる。しかし、『養老令』の中の調の規定を示した賦役令をみても、「郷土」で産出するものとあるのみで、この「郷土」という言葉が国であるのか、あるいは郡や里（郷）であるのかについてはいまひとつはっきりしない。また、一〇世紀のはじめにまとめられた『延喜式』にみられる税負担をみても品目と国名が記載されているばかりである。

このように、特産物という認識が古代において、いつごろ、どのような範囲を対象としていわれだしたのかという問題は、意外と明らかにされていない。こうした中で産物の記載が豊富な『風土記』はとりわけ重要である。すべての『風土記』には、多かれ少なかれ産物名の記載がみられ、その中でも特に『出雲国風土記』には、多くの産物名が記されている。さらに目をこらすと、物品名の豊富さに加えて、郡の記載の中には、その郡の特産といってもよいような記載も確認できる。かりにこれらの物産を特産物ととらえてよいとするならば、『出雲国風土記』が成立した天平五年（七三三）の段階、すなわち、八世紀の初期における特産物の存在をいうことができるのではなかろうか。

まず、海産物についてみることにしたい。前述のように、『出雲国風土記』には、さまざまな海産物が列挙されており、さらにいうと、日本海や中海・宍道湖などで捕獲されたであろう品々を郡ごとにまとめてもある。たとえば、島根半島の中央部から西部にかけて位置する楯縫郡の条をみると、日本海から採れる紫菜《のり》は、楯縫郡のものが最も優っていると記されている。紫菜それ自体は、海産物として特殊なものとは考えられず、むしろ一般的なものといってよいであろう。こうしたことをふまえると、楯縫郡で採れる紫菜が、最も優っているというい方は、明らかに他の郡と比較していると考えられる。『出雲国風土記』には、「尤も優れり」とあるが、いうまでもなく「尤も」は「最も」に通じ、他と比較して最上級を表わしていると考えられる。また、優っているという表現を質的に優秀ととらえるならば、まさに特産物とみてよいと思われる。現在、この地域には十六島《うっぷるい》という珍しい地名があり、ここで採取される海苔《のり》は、十六島海苔として珍重されている。十六島海苔は少なくても江戸時代あたりにはすでに名産となっていたようであり、楯縫郡と上質の海苔の関係には歴史があるといってよいであろう。

楯縫郡が最も品質のよい紫菜を産出するという点にこだわるならば、『日本三代実録』に興味深い記事がみられる。時代は九世紀の後半のことになるが、元慶元年（八七七）九月二七日条の記事である。その内容はというと、出雲国の楯縫郡の海人である海部金麿と海部黒麿とが漁にでたところ、深さ五十余丈の海底から石をひきあげたというのである。さらに、その石には三株の木と三茎の草がついていたという。草の方に目をやると、二茎は青色で一茎は赤色をしており、三茎とも形はきのこのようであったとされる。正史である『日本三代実録』に載る記事であるが、何やら得体の知れない話であり、奇本・奇草というのに留めるのが穏当かと思われるが、楯縫郡が海苔や海藻と縁があることの一端を示しているともいえよう。

日御碕（写真提供　ピクスタ）

以上の点からみて、楯縫郡の紫菜は、特産物としてよいと考えられる。さらに、『出雲国風土記』には、もう一例、海産物の特産をあげることができる。それは、出雲郡の鮑《あわび》である。ここにも、出雲郡の鮑は最も優っていると記載されているが、それに加えて、この鮑を捕るのは「御埼海子」であると記されている。この御埼海子とは、島根半島の西端に位置する日御碕の海人と考えられる。つまり、現在の日御碕にあたる地域で捕られる鮑が出雲国では最高級品とされ、出雲国に広く知られていたといってよいであろう。このことから、鮑を出雲郡の特産品とみなすことは妥当であると思われる。

楯縫郡の紫菜、出雲郡の鮑というように

海産物の面から特産物の可能性をのべてきたが、特産物はなにも海産物に限られたものではない。『出雲国風土記』には、奥出雲と称せられる山間部に位置する仁多郡について産鉄に関する興味深い記載がみられる。仁多郡は、三処郷・布勢郷・三沢郷・横田郷の四郷からなっている。『出雲国風土記』では、郡名の由来、各郷の説明のあと、割注の形で、これらの諸々の郷が出す鉄は堅くて最も雑々の道具を造るのに適していると記している。このことは、三処・布勢・三沢・横田の四つの郷は、いずれも鉄を産出し、しかもその鉄の品質は堅くて、さまざまな鉄器を造るのに最もよいということになる。ここでも、最も適しているという表現がなされていることは重要である。『出雲国風土記』では、海産物の例と同様に「尤も」という表記が使用されているが、意味的には「最も」とみてさしつかえなかろう。

出雲国を含む中国山地周辺は、産鉄地域として知られ、隣接する吉備は「まがねふく吉備」といわれるほどである。『出雲国風土記』をみても、仁多郡とともに奥出雲の一画を占める飯石郡にみられる五つの河川のうち、二つには、鉄を産出することが記されている。それは、波多小川と飯石小川の二河川であり、ともに「鉄有り」と記載されている。これは、川砂鉄が採取されていたことをものがたっており、おそらく産鉄箇所の近辺では、製鉄作業がおこなわれていたと考えてよいであろう。

また、仁多郡・飯石郡とともに奥出雲を構成する大原郡には、直接的には産鉄の記載はみられない。しかし、所属する八つの郷のうち、五つまでが鉄と関連した伝承をもっている。まず、神原郷であるが、ここは天の下造らしし大神、すなわちオオクニヌシが「御《み》財《たから》」を積みあげたので、本当は神財郷《かむたからごう》というべきであるのに誤って神原郷といわれているというのである。ここにみられる御財は、神宝と同様に考えてよいであろう。とするならば鏡や玉などと共に鉄剣・神刀といった鉄製品も想定されよう。

次に、屋代《やしろ》郷と屋裏《やうち》郷についてでは、いずれも弓矢に関係した伝承がみられる。すなわち、屋代郷は、天の下造らしし大神が、矢を射るための的を置き、弓矢の練習をしたというのである。また、屋裏郷は、ここで天の下造らしし大神が矢を射立てたとある。つまり、屋代郷も屋裏郷もオオクニヌシと弓矢の関係がうかがわれ、さらには、矢の先につける鉄鏃などとの関係も想定することができる。

佐世郷には、スサノオ神が佐世の木の葉を頭に刺して踊ったところ、佐世の木の葉が地面に落ちたという伝承が記されている。スサノオ神は、製鉄神と考えられ、その神の伝承をもつところから佐世郷にも鉄との関係をいうことができる。

最後は阿用《あよ》郷であり、ここには興味深い伝承が残されている。昔、ある人がここに田を作っていたところ、目がひとつの鬼持がやってきて、田を作っている男を食べたというのである。このとき、男の父母は、どうにか竹林の中に身を隠すことができた。しかし、このとき風がおこって竹の葉がさやいでしまう。『出雲国風土記』は、竹の葉のさやげりを、「動《あよ》げり」と表現している。すると、男は鬼の気が竹林へいかぬように、自ら「動動《あよあよ》」といったという。おぞましくあわれな伝承であるが、これをどのように解釈したらよいのであろうか。いままでいくつかの説が出されているが、それらの中でも目がひとつの鬼を鍛冶神とされる目一箇神と関連づけてとらえ、製鉄集団による農耕集団からの労働力の徴発と読みとる考えは魅力的で有力と思われ、ここから鉄との関係性をいうことが可能であると思われる。

こうした奥出雲と称せられる仁多郡・飯石郡・大原郡の状況をふまえると、これらの地域は産鉄地域として知られ、特に、仁多郡の鉄が最高級の品質を誇る特産物として知れわたっていたと考えてもよいであろう。

市に集う人びと

コンビニエンスストアやスーパー・マーケットが普及した今日、いまやそれらなしでの生活は考えられない人も多いであろう。そうであるならば、古代人にとって市《いち》はどのような存在であったのかということを考えるのは興味深いテーマのひとつといえよう。

平城京や平安京では、市司の管理のもとに東市と西市が設けられていた。しかし、地方の市はというと、その名称すら明らかにすることは難しい。たとえば、『日本書紀』でみるならば、雄略紀一三年条に餌香市《えがのいち》がみえる。餌香市は、河内国にあったとされる市であり、河内国の市としては軽市《かるのいち》（天武紀一〇年）もみられる。軽市の成立時期については、はっきりしないが、七世紀くらいには市として栄えていたといわれ、『万葉集』の柿本人麻呂の歌が市周辺の繁栄をうたっている。また、阿斗桑《あとのくわ》市（敏達紀一二年）もみられるが、この市はその所在をめぐって河内国と大和国の二説がみられる。大和国の市としては、海《つ》柘《ば》榴《き》市《ち》が知られる。海柘榴市は海石榴とも海榴とも記され、椿のことにほかならない。『日本書紀』の武烈即位前紀条によると、ここで歌垣がおこなわれている。民衆の楽しみのひとつである歌垣が、市でおこなわれ、しかもここでは、武烈天皇が影媛《かげひめ》をめぐって平群臣鮪《ぐりのおみしび》と争っている。つまり、市のなかで歌垣がおこなわれ、しかも天皇と家臣が女性を得んがために対決しているのである。この海柘榴市が歌垣の場であったことは、『万葉集』からもうかがうことができる。

　海石榴市の八十の衢《ちまた》に立ち平《なら》し
　　結びし紐を解かまく惜しも（巻一二　二九五一）

これがその歌で、海柘榴市のいくつにも道の分かれた辻で地をふみならして踊り、結び合った紐を今解くのは惜しいことだ、といった意味になろうか。

また、『日本霊異記』によると三野国（美濃国）片県郡にも小川市《おがわのいち》があった。この市には、力女とよばれる強く美しい女性がいたという。備後国にも深津市《ふかつのいち》があった。ここには、瀬戸内海をへだてた讃岐国からも馬を買うために人がやってきている。

『出雲国風土記』にも市の様子がいきいきと描かれている。意宇《おう》郡の忌部神戸《いんべのかんべ》、ここは現在でも名湯で知られる玉造《たまつくり》温泉の地であり、古代から川から湯がふき出している。『出雲国風土記』でも出湯《いでゆ》のことが記載されていて、温泉の出ているところに「男も女も、老いたるも少《わか》きも」集まって宴会に興じているという。そして、そこに市ができていると記されている。温泉を中心に人々が集まり、そうした人々をめあてに市ができているという状況は、何やら現代にも通じるものがある。

また、島根郡の朝酌《あさくみ》の促戸《せと》の渡《わたり》にも市があった。ここは、国庁から島根半島へ渡る交通の要地にあたり、人々が集まってにぎわっていたようである。大小の魚をとるためのしかけがかけられ年中、豊富な魚が捕獲され、市を開いて商売をする人々が四方からやってきて、商品を売るための店が形成されていた。近くの大井浜の条では陶器を作っており、こうしたことをふまえると、朝酌の市には水産物を中心に、陶器などの日常品も店先に並んでいたと思われる。さらに、市の周辺には、邑美《おうみ》の冷水《しみず》や前原埼といった民衆の宴会場所もあることから、宴会のさいの飲食物を朝酌の市で買い求めた可能性も考えられる。

古代の市の様子について、具体的に知ることは容易ではない。しかし、都である平城京の東市・西市だけが古代の市であったわけでは決してなく、それぞれの地域でも温泉や交通の要衝など人々が集まる場所には市が立ち、交易がおこなわれていたと思われる。『出雲国風土記』などはそうしたことを端的にものがたっている。

第六章　日々の楽しみ

歌垣の実像

古代の民衆の楽しみというと、まず頭にうかぶのが歌垣であろう。「嬥歌《かがい》(会)」とも称され、男女が山や野などの景勝地を舞台にして歌をかけ合い、気持ちが通じあえば一夜を共にするのである。現代の日本ではこうした習俗はなくなってしまったが、東アジア全体でみると、中国の南西部の山岳地帯には、今もなお歌垣がみられる。

歌垣の性格をめぐっては、野外での男女の交流といったところから乱交のようなイメージをうけがちで、性に対する古代人のおおらかさなどといわれることもある。万葉歌人として知られる高橋虫麻呂が、『万葉集』に歌垣の歌として、「人妻に、吾も交じはらむ、あが妻に、他も言問へ」と歌っていることなどもこうしたも乱交のイメージを強めているように思われる。

しかし、本当に歌垣は、古代人の乱交であったのであろうか。この歌垣の事例を多く載せるのが『風土記』である。その中でも、『肥前国風土記』の逸文として残っている杵島《きしま》山の条は有名である。それによると、杵島山に毎年、春と秋の二度、近隣の村里の男女が酒をもちより、琴をたずさえてやってくるとある。そして、杵島山で歌舞飲食して楽しむというのである。また、そのときの歌として、

筑波山（写真提供　ピクスタ）

あられふる　杵島岳を　峻《さか》しみと　草採りかねて
妹が手を執る

という一首が載せられている。いかにも恋の歌という感じがする。

この杵島山と同じくらい知られているのが筑波山の歌垣である。『常陸国風土記』の筑波郡の条をみると、筑波山の歌垣のことが記されており、「坂の東の諸国の男女」が押し寄せるとある。ここでいう坂とは足柄山の坂のことであり、つまり、坂東の国々の男女が集まるというのである。これはいうまでもなくオーバーな表現であるが、多勢の男女で筑波山がうめつくされる様子が目にうかぶ。それは一体、いつかというと、杵島山と同じ春と秋の二度である。男女は、連れだって、あるいは徒歩であるいは馬に乗って、飲食物をもって筑波山へ登って楽しみ遊ぶというのである。そこでの歌として、

筑波嶺に　逢はむと　いいし子は　誰が言聞けば

神嶺　あすばけむ
筑波嶺に　廬《いほ》りて　妻なしに　我が寝む夜ろは　早やも　明けぬかも

の二首をあげているが、『常陸国風土記』は、筑波山で歌われた歌はあまりに多くて、いちいち載せることはできないくらいであるとものべている。

この二首をみてみると、いずれも女性に振られた男性の歌で、初めのものは、筑波山で会おうと約束した娘は、一体、誰の言葉をききいれてしまったのだろうか、わたしを振って、といった意味になろうか。また、あとの歌は、筑波山で共にすごす女性がみつからず、独り寝をしなければならないこんな夜は早く明けて欲しいものだ、という内容になろう。このようにみると、歌垣というのは、男性よりも女性の方に選択権があって有利なように思われるかもしれない。しかし、『常陸国風土記』は、土地のいい伝えとして、「筑波峯の会に娉《つまどひ》の財を得ざれば、児女《むすめ》とせずといへり」とも記している。つまり、筑波山の歌垣で、男性からプレゼントを贈られないような女性は、一人前の女性とはいえない、というのである。この記述は大変、面白い。というのは、歌垣は、単に男女が歌をかけ合って、気持が通じれば、ペアになれるというのではないようである。おそらくは、気持ちが通じあったのち、男性は用意してきたプレゼントを女性に渡さなければならなかったのであろう。このことは、男性にとって大きな負担であったと思われるが、一方、女性にとっても大変であった。つまり、女性は女性で男性からのプレゼントを得ることなく自分の村へもどるならば、村の評価として一人前の女性とみなされないことになるので、適当な男性をみつけ、彼からプレゼントをもらう必要があったのである。この点に注目すると、歌垣は決して無秩序な性交渉の場などではなく、一定のルールのもとで男女のかけ引きがあったといってよいであろう。

もうひとつの例をみてみよう。『常陸国風土記』の香島郡の童子女《うない》の松原の条である。寒田の郎子《いらつこ》と安是の嬢子《いらつめ》という二人の物語である。共に有名な美男・美女であり、おたがいに会いたいと思っていたところ、歌垣の場で偶然に出会うことができた。二人は歌を交わし、気持ちが通じあい、もっと語り合いたいと思った。そこで二人は人に知られることを恐れ、こっそり歌垣の場をぬけ出して、松の木の下に隠れて腰をおろした。お互いに手をとりあい、膝をつけて、それぞれの懐いを語りあった。語らいは甘く、楽しさをきわめ、夜が明けるのも忘れてしまうほどであった。そうしているうちに、突然、鶏が鳴き、犬がほえ、夜明けになってしまった。二人は途方にくれ、どうしてよいかわからなくなってしまった。そして、他の人に見られることを恥じて、二本の松になってしまったというのである。

何ともやるせなくロマンチックな恋物語であるが、この説話を歌垣のルールという点でみると、いくつかのことが含まれているように思う。まず、二人は周囲の人々といっしょにいて、歌をかけ合ったと思われる。その後、気持ちが通じあったところで、群衆からぬけ出して二人きりになるのである。そして、その場所は、他の人々からみえないような場所であった。そこで二人は愛を語らい一夜を共にするのである。しかし、二人は、夜が明ける前にその場を離れて、また群衆の中にもどらなければならなかったのではなかろうか。二人は、それを忘れたために人にみられることを恥じて松にならなければならなかったと思われる。この最後の部分はあくまでも推測ではあるが、このように考えると、歌垣の実体が少しみえてくるように思われる。

歌垣に関しては、『摂津国風土記』の逸文に歌垣山の条が残されていることからも、肥前・常陸のみならず、日本列島の各地でおこなわれていたと考えられ、古代人の大きな楽しみであったと思われるが、それは乱交などではなく、一定のルールのもとでの楽しみであったといえるのである。

日々の宴会

前項では、古代の民衆の楽しみとしての歌垣を紹介したが、そこでものべたように歌垣は春と秋とにおこなわれるものであった。おそらくは、田植えが終わったあとと、収穫が終わったあとにおこなわれたのであろう。歌垣は、たしかに民衆の楽しみとみてまちがいがないであろうが、楽しみが年に二度というのは、あまりにも少ないのではなかろうか。歌垣ほど大規模なものでない宴会がある程度の回数おこなわれていたと考えるのはむしろ自然ではなかろうか。

このように考えて、『風土記』をみていくと、『常陸国風土記』の久慈郡に、久慈河の記載があり、それに続けて、

其の河の潭を石門《いはと》と謂ふ。慈れる樹は林を成して、上に即ち幕ひ歴《おはたなび》き、浄き泉は淵を作して、下に是瀉《そそ》ぎ湲《なが》る。青葉は自ら景を蔭す。蓋を飄し、白砂は亦波を翫《もてあそ》ぶ席を鋪《し》く。夏の月の熱き日、遠里近郷より、暑さを避け涼しさを追ひて、膝を役《つら》ね、手携はりて、筑波の雅曲を唱ひ、久慈の味酒を飲む。是、人間の遊びなれども、頓に塵の中の煩を忘る。

と記されている。ここには、『常陸国風土記』の特徴のひとつといわれる文飾が豊富にとりいれられているが、石門というところで、夏の暑い日には人々が「遠里近郷」から集まってくるという。そして、膝をつらね、手をとりあって筑波の歌垣のような歌をうたって、久慈の美酒に酔いしれるとあり、人間の世界のわずらわしさをしばし忘れるというのである。

このことから、夏場には暑さを避けて石門に人々が集まり、世間のうさを晴らしていたことがうかがわれる。その様子は、石門が景勝の地であること、近在から人々が集まってくること、男女が筑波の歌垣のような歌をうたいあっていること、酒など飲食をしていること、といった点から筑波の歌垣と似かよっており、いわば小歌垣のような感じを受ける。

また、『出雲国風土記』の島根郡の邑美《おうみ》の冷水《しみず》の条をみると、

東と西と北とは山、並びに嵯峨《さが》しく、南は海澶漫《ひろ》く、中央は鹵《いしはら》、灜磷《いづみきょ》々くながる。男も女も、老いたるも少きも、時々に叢《むらが》り、集ひて、常に燕会《うたげ》する地なり。

と記されている。邑美の冷水は、三方が山に囲まれ、南は海に面しており、泉がわいており、景勝の地であるという。そこに、多数の老若男女が、折々に集まって宴会をおこなっているといっている。この邑美の冷水は現在、中海に面したメナシ水といわれているところであり、今も冷水がわき出ている。

また、邑美の冷水の付近には前原埼という地名があり、ここでも宴会がくりひろげられていた。前原埼はどんな場所かというと、「東と北とは並びに蘢嵸《さか》しく、下は則ち陂《つつみ》あり」というもので、邑美の冷水と類似した地理的環境をもった景勝の地といえる。さらに、「三つの辺は草木自ら涯に生ふ」ていて、鴛鴦《おし》・鳧《たかべ》・鴨などの鳥が折々にそこへやってきてすんでいるとあり、陂と海との間は浜になっていて、そこには松並木があり、なぎさは

深く澄みわたっているとある。まさに、風光明媚な場所といえる。そして、そこでおこなわれる宴会については、

男も女も随時《ときどき》叢り会《むらがつど》ひ、或は愉楽しみて帰り、或は耽《ふけ》り遊びて帰らむことを忘れ、常に燕喜《うたげ》する地なり。

と記している。つまり、男性も女性も多勢が折々に集まり、宴会を楽しみ十分に堪能したのち解散する。あるものにいたっては、宴会に夢中になって帰ることを忘れてしまうとさえ記述されている。

もちろん、これらの記載内容をすべてそのまま信じるわけにはいかないであろうが、邑美の冷水や前原埼を舞台にして、民衆たちが折々に歌舞飲食に興じていた様子をうかがうことは十分に可能であろう。

『出雲国風土記』には、もう一カ所、宴会の場所が記されている。前述した意宇郡の忌部神戸であり、現在の玉造温泉にほぼ相当する。ここは、川辺から温泉がわいており、「男も女も、老いたるも少きも、或は道路に駱駅《つらな》り、或は海中を洲に沿ひて、日々に市を成し、繽紛《みだれまが》ひて燕楽《うたげ》す」るところであった。温泉があり、そこへ男女が集まり、市が立ち、人々は歌舞飲食に興じるという、まさに、温泉を中心に人々が日常のわずらわしさを忘れて楽しみを満喫している様子がいきいきと伝わってくるようである。

これらから、歌垣の他にも民衆は日々に楽しむ場を作っており、決して豊かではなかったかもしれないが、民衆なりの楽しみを享受していたことがうかがわれたかと思う。古代の民衆が折々に楽しみをもっていたということは、いわれてみれば当たり前のことのように思われるかもしれないが、『風土記』はそれを具体的に教えてくれる数少ない史料なのである。

温泉の楽しみ方

温泉が好きというのは万国共通のような気がするが、とくに日本人は大好きといってもよいように思われる。日本人の温泉好きは、古代からすでに知ることができる。たとえば、『出雲国風土記』の意宇郡忌部神戸の条がそれである。すでに、宴会の場所として紹介したが、温泉という点から再度、みてみたい。

忌部神戸は、現在の松江市玉造温泉の一帯に相当する。玉造温泉は今も山陰の名湯として多くの人が訪れている。『出雲国風土記』をみると、川のあたりから湯がわき出ているという。そして、湯のわくところには、「男も女も、老いたるも少きも」多勢がおしかけ、連日にぎわいをみせていると記されている。また、市が立ち、集まった人々は宴会に興じているわけであるが、温泉の効能にも目をみはるものがあり、「一たび濯げば、形容端正

玉造温泉（写真提供 フォトライブラリー）

しく、再び沐すれば、万病悉に除ゆ」とある。さらに、「古より今に至るまで験を得ずといふことなし。故、俗人、神の湯といふ」とまでいっているのである。ここまでいわれると何やら誇大広告のような気もしないではないが、温泉場に、あるいは湯治のため、あるいは宴会の楽しみのために多くの人びとが押しかけてにぎわいをみせている状況を思いうかべることができ、これらはあたかも現代の温泉へやってくる人たちとオーバーラップするところがあるように思われる。

忌部神戸ほどではないが、出雲には他にも温泉がみられる。たとえば、仁多郡には、漆仁川の辺りに湯がわいていて薬湯といわれている。現在の湯村温泉である。名の由来は、「一たび浴すれば、則ち身体穆平《やは》らぎ、再び濯げば、則ち万の病消除ゆ。男も女も、老いたるも少きも、夜昼息まず、駱駅《つら》なり往来ひて、験を得ずといふことなし。故、俗人号けて薬湯といふ」と記されている。なにやら先の忌部神戸と似たような表記であり、あるいはマニュアルのようなものがあったのかもしれない。

もっとも、さらに素朴な温泉記事も『出雲国風土記』にはみられる。大原郡の海潮郷《うしほのさと》をみると、須我小川《すがのおがわ》の湯淵村《ゆぶちむら》のところに温泉があることが記されている。この温泉は川の中からわき出ているのであるが、まだ、温泉の名はついていないとも記されている。ここは現在、海潮《うしお》温泉といわれており、閑静な温泉場としてしられている。さらに、『出雲国風土記』には、須我小川の上流にあたる毛間村にも川の中から湯が出ているとあるが、ここも温泉の名はつけられていないと記されている。

このように、出雲には、有名・無名の温泉があって、その目的は、人びとの楽しみや病気の治療であったと思われる。一方、西海道（九州）の『風土記』にもいくつかの温泉記事をみることができる。

まず、『豊後国風土記』の日田郡をみると、五馬山《いつまやま》の条に興味をひかれる記載がある。それは、天武天皇の時代の戊寅年（六七八）に大地震がおこり、山や岡が崩れたというのである。これについては、『日本書紀』にも同年の一二月条に筑紫国に大地震があったことが記されている。この地震は阿蘇山の爆発によるものであり、九州の各地に被害をもたらしたと思われる。したがって、五馬山にみられる地震記事も信頼性の高いものといってよいであろう。これによって温泉がほうぼうに出るようになった。『豊後国風土記』では、「慍《いか》れる湯」と表現されている。そして、わき出た湯気が熱くて、これを利用して飯をたいていると記されている。さらに、一ヵ所の湯は井戸のような穴から出ているという。その穴の直径は三メートルあまりにもおよび、その深さについてはどれくらいかもわからないほどであると記されている。湯の色は紺のようで、ふだんはたまったままで流れていないが、人が声をあげると湯が噴出して泥を吹き上げ、その高さは三メートルにもおよぶという。そこで人びとは、この湯のことを慍湯《いかりゆ》といっていると記している。人の声で湯が吹き上がるというのは、事実ではないであろうが、これは間歇泉《かんけつせん》についての説明と思われ、古代人の考えの一端がかいまみられる。

『豊後国風土記』にはもう一ヵ所、間歇泉《かんせつけん》の記載がみられる。速見郡の玖倍理《くべり》湯《ゆ》の井といわれる湯であり、現在の別府温泉にあたる場所である。記載によると、噴出口は直径が三メートルあまりあり、湯の色は黒く、ふだんは湯がたまった状態であるが、人がひそかにこの場所にきて大声をあげると湯が六メートルほどもわき上がるとある。湯気がすごくて、しかも熱気をおびており、人が近づくことができないくらいで、周囲の草木はみな枯れてしまっている。そこで、この湯は慍湯の井という名がつけられており、土地の人は玖倍理湯の井とよんでいるとある。ここも間歇泉の様子が活写されており、古代人の恐れが伝わってくるようである。

温泉の使いみちで、少し異色なものが速見郡の赤湯の泉である。ここは、別府温泉の血の池地獄のこととされている。湯の噴出口は竈門《かまと》山にあるが、その大きさは特定することができないため周囲を測ると四五メートルにも及ぶと記されている。湯の色は赤くて泥を含んでいるとあることから、鉄分の多い湯であることがわかる。興味をひかれるのは、この泥を家屋の柱に塗る顔料として使用していることである。つまり、赤色の顔料としての役割をここの泥はもっているわけであり、柱を赤色にするのは腐敗を防ぐことの他に呪術的な要素もあげられるであろう。このように温泉が病をいやす他にも顔料としての役割をはたしていることは特筆に値することであろう。

同じ九州でも『肥前国風土記』に目をやると、藤津郡の塩田川の源の付近に温泉があると記されている。ここは、現在の嬉野温泉にあたるとされており、『肥前国風土記』には病気にききめがあると記載されている。高来郡にも温泉の記事がみられる。現在の雲仙温泉のことであり、『肥前国風土記』では、「峯の湯の泉」と称されている。源泉は、雲仙岳の西南の峰にあり、ここから東へ流れ出ていた。湯の量が多く、しかも水勢が強い上に湯の温度も他の温泉とは比べものにならないほど高いと記されており、冷水を混合して沐浴していたようである。現在でも湯の温度は摂氏二〇〇度前後といわれており、古代からそうした状況は変わっていないことがわかる。湯の味はすっぱく、付近から硫黄がとれるとも記されている。

このように、『風土記』のなかには、いくつもの温泉記事がみられる。その多くは、病気の療養に用いられたと考えられるが、娯楽や遊興の場として利用されたりもしていた。そういった点では、現代人とさほど変わらない利用法といえよう。また、温泉から出る泥を赤色顔料として柱に塗ったりもしており、古代人の知恵というか技術の一端を知ることができる。

さまざまな擬音

わたしたちの周囲には、さまざまな音が響きわたっている。電車や自動車・飛行機など人間が作り出した音や風・雨・雷など自然界の音、はたまた鳥や動物の声など実に多様である。これらの音に囲まれて生活し、ときには騒々しさを感じたり、ときにはいやされたりしているのであるが、案外わたしたちは、音に対して画一的な意識をもってしまっているように思える。たとえば、犬の鳴き声はと問うと、ワンワンとかキャンキャンとかといった答えが予想つく。しかし、本当にそうであろうか。英語では、犬の鳴き声はバウバウだそうである。日本人で犬の声をバウバウと表現する人はまずいないのではなかろうか。同時代でも地域が異なると音の感じ方にも差がでるようである。とすると、同じ日本列島内でも今度は時代が変わると音の受けとり方にも差があってもよいのではなかろうか。こう考えると、古代の人びとが音をどのように受けとっていたのであろうか興味がわいてくる。

こうした場合、よく例として出されるのはフツヌシ神の神名についてである。石上神宮や香取神宮などの祭神としてしられ、国譲り神話にも登場するフツヌシ神は武神とされている。その理由は神名のフツは、鋭利な刀物でものを切ったときの擬音とされ、そこから武神といわれるのである。鋭い刀物でものを切る音というと、時代劇で人を斬るシーンが思いうかぶが、フツという擬音はまずつかない。ここにも現代と古代の感覚の相違をみてとれる。

しかし、古代の人びとが物音をどのように感じ、それを表現していたのかということを教えてくれる史料は決して多くない。そうした中で、『風土記』はいくつかの擬音についての具体例を示してくれる貴重な史料といえる。

まず、鹿の声である。鹿は猪や狼などと並んで古代では一般的な動物であり、『風土記』にもよく登場する。その鳴き声はというと、『播磨国風土記』の賀古郡の日岡の条には、一つの鹿、此の丘に走り登りて鳴きき。其の声は比々《ひひ》といひき。故、日岡と号く。

とある。これは、狩に追われて丘に逃げ上がった鹿の声で、「ヒヒ」と表記されている。今、わたしたちは、鹿の声というと、「ピー」というのがふつうであり、「ヒヒ」というい方はしないであろう。

同じ動物でも、猿の鳴き声が『常陸国風土記』に記されている。久慈郡の河内里の条をみると、

俗《くにひと》の説《ことば》に、猿の声を謂ひて古々《ここ》と為す。

とあって、土地の人は猿の鳴き声を「ココ」といっているというのである。これも今なら「キッキッ」というところであり、少なくても「ココ」とはいわないのではなかろうか。

『出雲国風土記』には、竹の葉の揺れ動く音が記されている。大原郡の阿用郷の条がそれであり、田を作っていた男がやってきた目ひとつの鬼に食われたという、第五章でも紹介した不思議な伝承である。そのとき、男の両親はからくも竹林の中に難を逃れることができたが、折り悪く風が吹いて竹の葉が揺れて音を出してしまった。目ひとつの鬼が一瞬、竹林の方へ気を回そうとしたとき、鬼に食われながらも男は、鬼の気を竹林からそらそうと必死に「動動《あよあよ》」といったというのである。ここにみられる「アヨアヨ」は竹の葉の揺れ動く擬音と考えられる。現在、竹の葉の音というと「サラサラ」とか「サヨサヨ」とかが

ふつうであろう。現代人なら「アョアョ」という感覚はないであろう。

『風土記』にみられる擬音の例を三例あげてみたが、いずれも現代のわたしたちには想像のつかないものばかりであった。しかし、古代の人びとにとっては、『風土記』に記された表記がそれぞれの音、もしくはそれに一番近い音であったのであろう。そして、それらの音に耳をそばだて楽しんだり恐れたり、あるいは時にはいやされたりもしていたのかもしれない。

口かみの酒

古代から人々と酒との関係は切っても切れないものがある。歌垣をはじめとする楽しみの場での飲酒や神事の際の酒など、酒はさまざまな場面において欠かすことのできないものといえる。

しかし、古代の酒の実態はというと、意外なほどわかっていない。考古学の成果として、紀元前一〇〇〇年ごろ、すなわち縄文時代にクワやキイチゴを使った果実酒が作られていたとされるが、いうまでもなく日本酒とはいえない。中国の史書である『三国志』の「魏書」の中の東夷伝倭人の条に邪馬台国の描写があり、倭人（日本人）は喪にあたって歌舞飲酒をすると記されているが、やはり、どのような酒を飲んでいたかはわからない。「記・

紀」神話に目をやると、スサノオ神のヤマタノオロチ退治神話の中に八塩折之酒《やしおりのさけ》と称される酒がでてくる。スサノオ神がこの酒でオロチを酔わせて眠らせてしまうところから、八回もくり返して醸して造った濃度の高い酒といわれているが、これもそれほど説得力のあるものとはいい難い。

一般に古代の酒はにごり酒といわれている。しかし、史料をみていくと、「清酒」という言葉がでてくることがあり、これを「すみ酒」とよんで、現在の日本酒のようなものがすでにあったという説もある。その一方で、「清酒」は、「きよ酒」とよむべきで、すんだ酒とは異なるということもいわれており、この点についてもいまだ明確な答えはでていない。

酒の造り方としては、麴（カビ）を利用したとされている。『播磨国風土記』の宍禾郡庭音村《にわと》の条をみると、

大神の御粮、沾《ぬ》れて梅《かび》生えき。即ち、酒を醸さしめて、庭酒《にはき》に献りて、宴しき。故、庭酒村といひき。今の人は庭音村といふ。

と記されている。イワ大神のための乾飯《かれいい》が水にぬれて、カビが生えてしまったというのである。そこで、そのカビを使って酒を醸し、神に献上し、人びとも宴会をして楽しんだとある。

この例からもわかるように麴（カビ）を利用した酒造りがなされていたことは理解できる。『風土記』にはさらに、口かみの酒という現代人からみると奇妙な酒造りが記載されている。そもそも口かみの酒とは、米などの穀物やイモといったデンプンをもつ作物を口でかみ、唾液のアミラーゼによって糖化したものを吐き出してこれをためるのである。そして、それに野生酵母が糖を発酵させアルコールとなったのが口かみの酒である。最近の人気アニメの「君の名は。」や「もやしもん」でもとりあげられたので記憶のある方もいるのではなかろうか。沖縄では、祭事用として口かみの酒が造られており、一九三〇年くらいまで継続されていたという。

実際に、『風土記』の記事をみるならば、『大隅国風土記』の逸文に、

一家ニ水ト米トヲマウケテ、村ニツゲメグラセバ、男女一所ニアツマリテ、米ヲカミテ、サカブネニハキイレテ、チリ〳〵ニカヘリヌ。酒ノ香ノイデクルトキ、又アツマリテ、カミテハキイレシモノドモ、コレヲノム。名ヅケテクチカミノ酒ト云フト云々、

と記載されている。これによると、ひとつの家に水と米を用意するという。その上で、村中に通告し、男女を集める。集まった男女は各々、米をかんで酒槽に吐きいれる。その作業が終了すると、その場をいったん去る。そして、酒槽の中で唾液と混ざった米が酒になったころをみはからって、又、みんなで集って酒造りにたずさわった者たち全員でこれを

飲むのである。

まさに、口かみの酒であるが、内容的にも興味深いことが記されている。まず、この酒造りは個人が各々おこなっているのではないということである。一軒の家、おそらくは酒造り用に決められている建物であろうが、そこに米・水といった原料が用意される。そして、連絡を受けた男女が集合するのであるが、男女は村の住人たちである。つまり、村という共同体がひとつの単位になっているわけであり、原料の調達も村がおこなうのであろう。そして、酒の仕込みをおこない、酒ができるのを待つことになる。時をへて、酒ができあがったころあいをみはからい、酒造りに参加した人びとだけがこれを飲むのである。このことは、言葉をかえると酒造りに参加しなかった者はこの口かみの酒を飲むことができないということになる。すなわち、ここでの口かみの酒づくりは、村という共同体の作業になっているわけであり、原則的には全員が参加する行事になっていたのではなかろうか。また、口かみの酒を飲む場は、村をあげての宴会となり、村人たちの楽しみの場にもなっていたと思われる。

おわりに

『風土記』をメインとして扱った新書を平凡社編集部の平井瑛子さんに企画していただいたのは、もう何年前かも思い出せないくらい以前のことである。日本の列島地域に生きた人びとの古代史を、『風土記』を主な史料として使って考えているわたしにとっては、大変ありがたい話であった。

当時は、『風土記』をメインにした書籍を出版しようという風はまずなく、事実、そうしたものはほとんどなかったといってもよかった。『古事記』や『万葉集』とセット、もしくはそれらの二番手の扱いというか、つけたしといったような扱いで、メインに『風土記』がすえられるということは、絶対といってよいほどなかった。

『風土記』はとても面白い史料であると思う。これは何もわたし一人の我田引水では決してなく、一度でも読まれた方々の共通理解かと思われる。読むたびに新しい発見があり、古代のイマジネーションをかきたててくれる。なのに世間の評判はいまひとつということが信じられないくらいであるが、現実はきびしく、何ともいたし方のないことである。そして、この状況は今もそう変わらないようにみうけられる。

そういった出版事情であったから本書が日の目を見るのはひとえに平井さんの大変ながんばりによるものである。それなのに、こんなに出版まで時間をかけてしまい、まったくもって申し訳ない気持ちでいっぱいである。あとは、本書が一人でも多くの人に受けいれられることを願って筆をおくことにしたい。

二〇一八年早苗月

瀧音能之

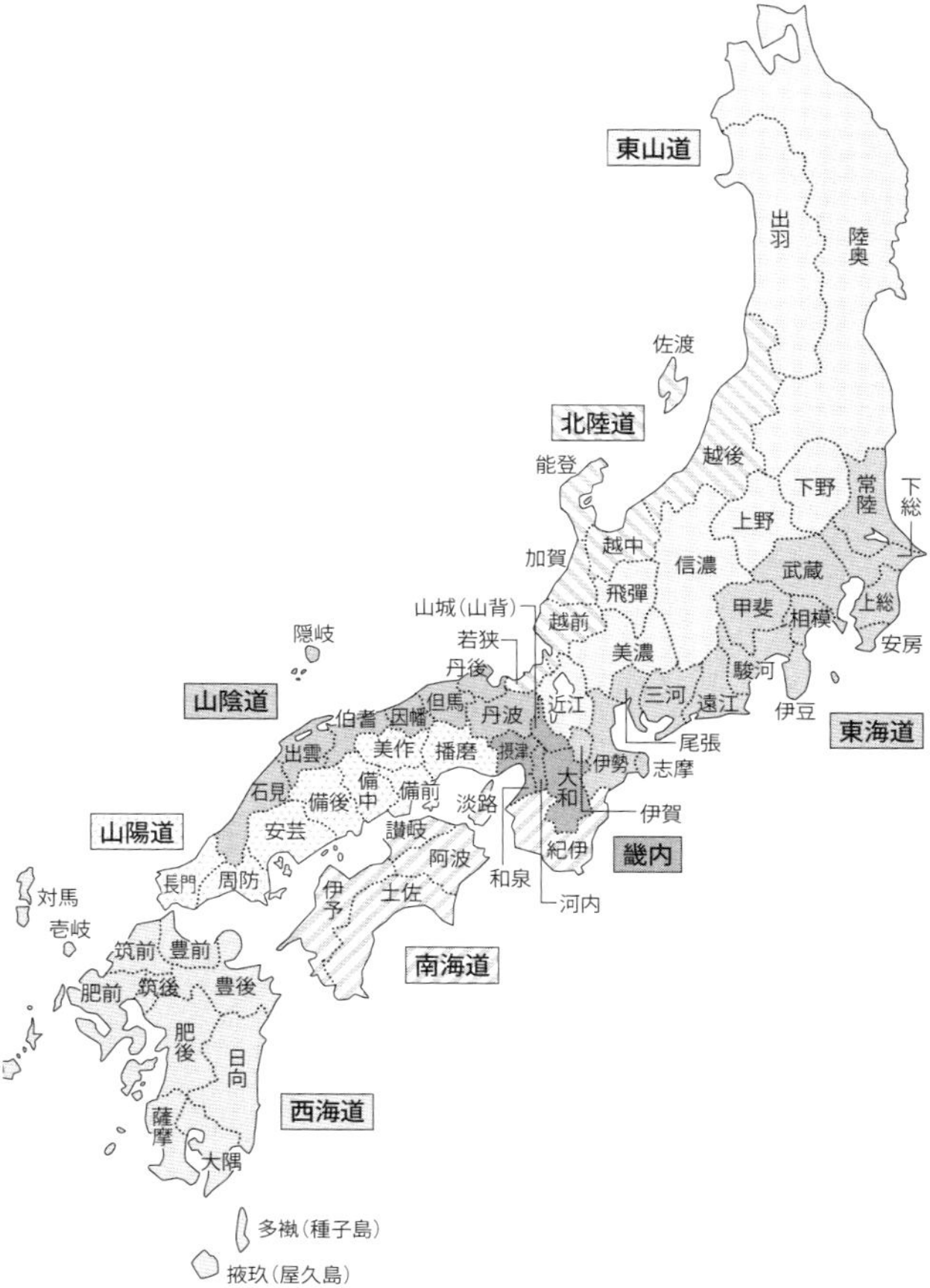
東山道
出羽
陸奥
佐渡
北陸道
越後
能登
下野
常陸
下総
上野
加賀
越中
信濃
武蔵
飛騨
上総
山城（山背）
甲斐
相模
隠岐
越前
若狭
安房
美濃
丹後
駿河
山陰道
但馬
近江
三河
遠江
伊豆
伯耆
因幡
丹波
東海道
尾張
出雲
美作
播磨
摂津
伊勢
志摩
備中
大和
石見
備後
備前
淡路
伊賀
山陽道
安芸
讃岐
紀伊
畿内
阿波
和泉
長門
周防
対馬
伊予
土佐
河内
壱岐
筑前
豊前
南海道
肥前
筑後
豊後
肥後
日向
西海道
薩摩
大隅
多褹（種子島）
掖玖（屋久島）

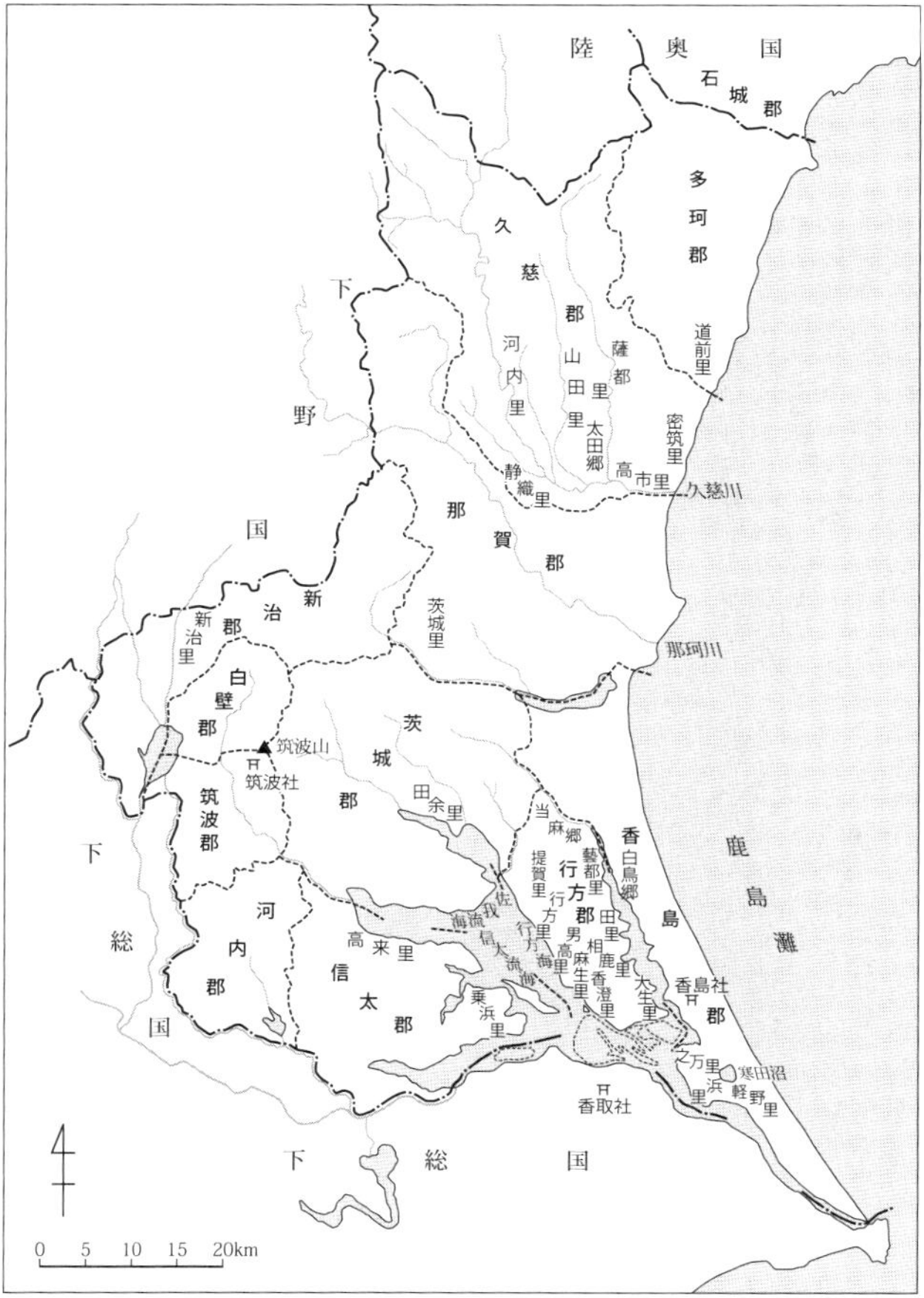
陸奥国
石城郡
多珂郡
久慈郡
下野国
河内里
山田里
薩都里
道前里
密筑里
太田郷
高市里
静織里
久慈川
那賀郡
新治郡
新治里
茨城里
那珂川
白壁郡
筑波山
筑波社
茨城郡
田余里
筑波郡
当麻郷
香島郡
白鳥郷
鹿島灘
提賀里
藝都里
行方郡
行方里
田里
男高里
相鹿里
麻生里
香澄里
大生里
香島社
佐我海
流海
信太流海
高来里
信太郡
河内郡
乗浜里
之万里
寒田沼
浜里
軽野里
香取社
下総国
0　5　10　15　20km

常陸国風土記　地図

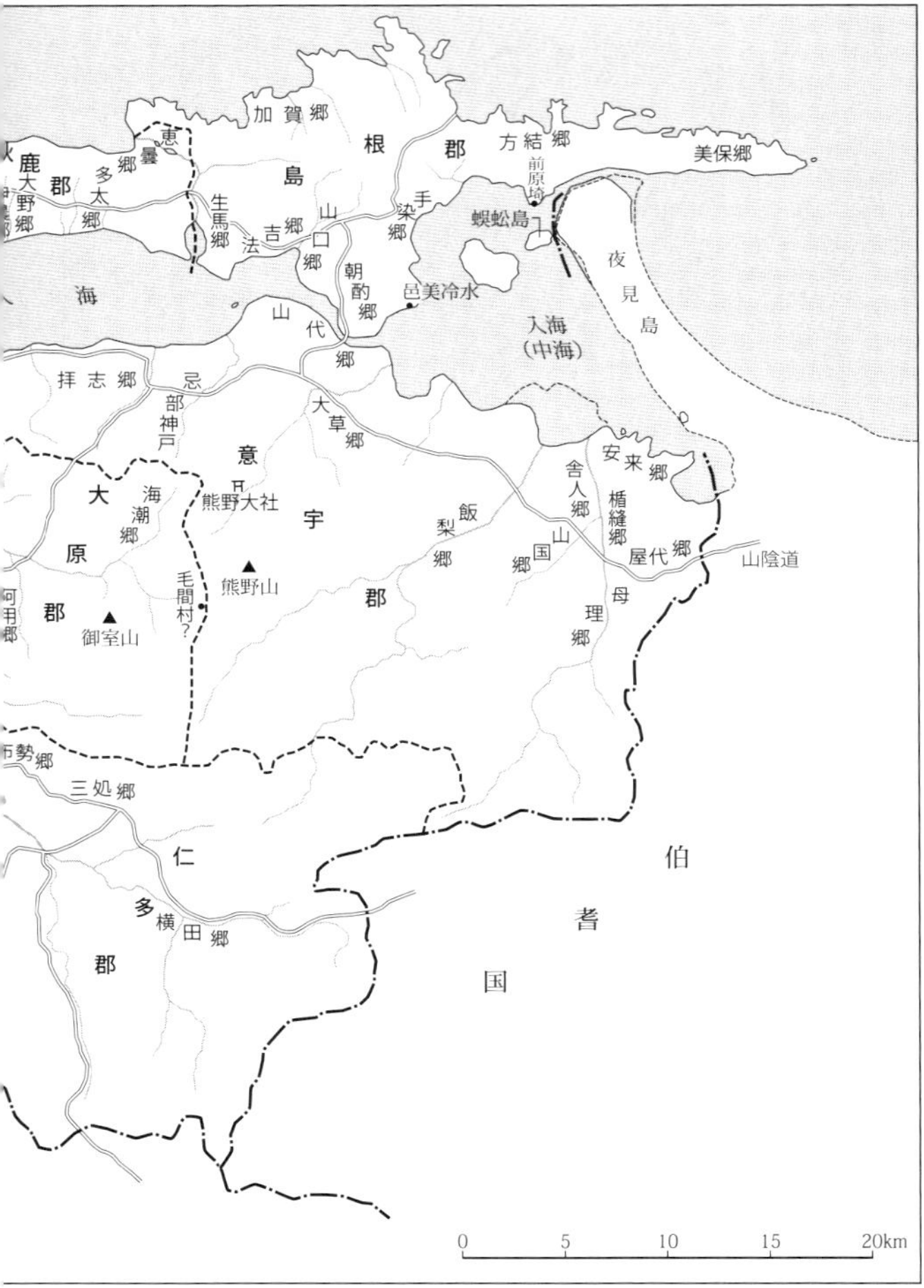

加賀郷
島根郡
方結郷
美保郷
前原埼
蜈蚣島
手染郷
鹿
郡
恵曇郷
多太郷
大野郷
生馬郷
法吉郷
山口郷
朝酌郷
邑美冷水
夜見島
入海
(中海)
海
山代郷
拝志郷
忌部神戸
大草郷
意宇郡
熊野大社
大原郡
海潮郷
飯梨郷
舎人郷
安来郷
楯縫郷
山国郷
屋代郷
山陰道
母理郷
熊野山
毛間村?
御室山
阿用郷
布勢郷
三処郷
仁多郡
横田郷
伯耆国
0
5
10
15
20km

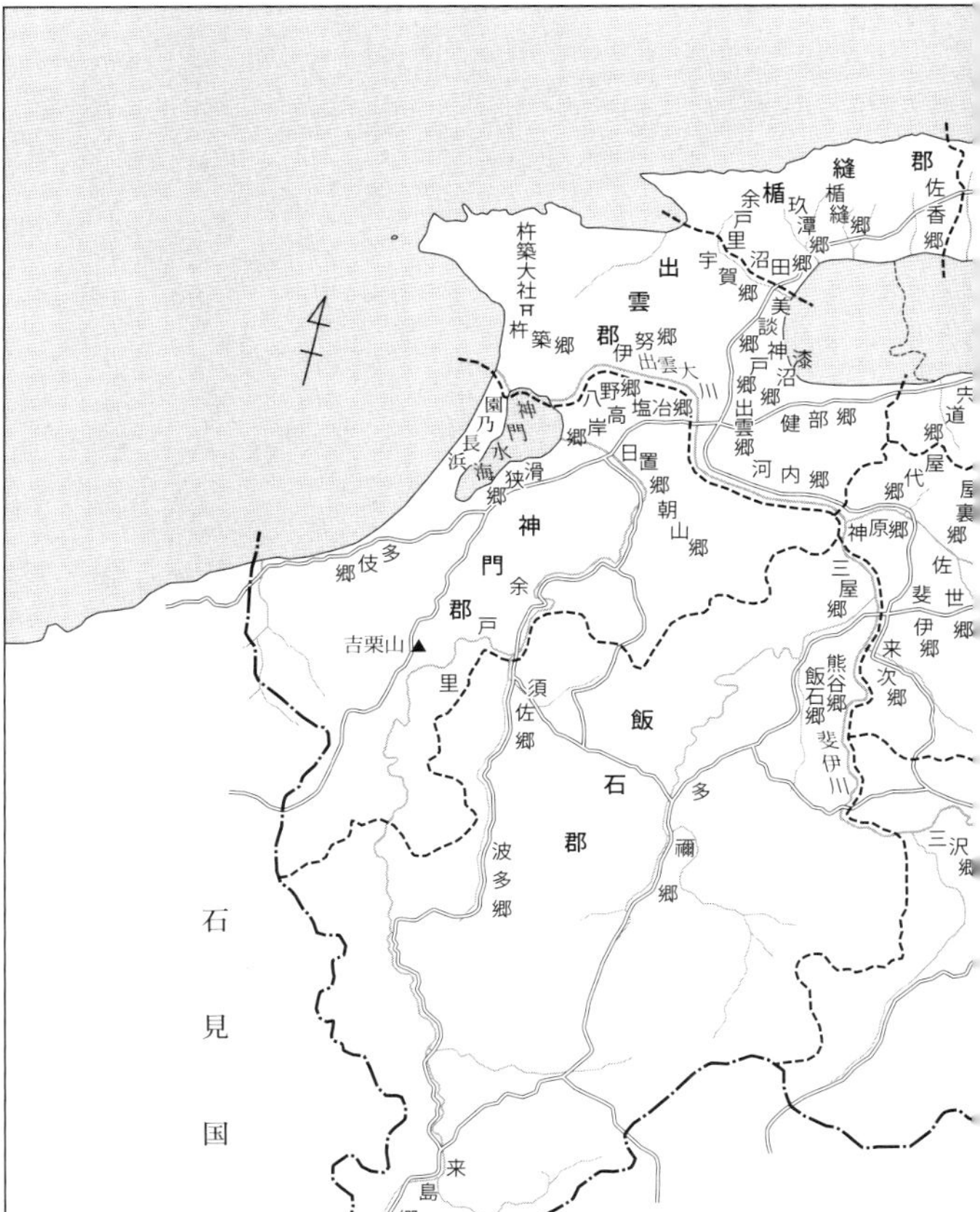

楯縫郡
佐香郷
楯縫郷
玖潭郷
余戸里
沼田郷
宇賀郷
出雲郡
杵築大社
杵築郷
美談郷
伊努郷
出雲大川
漆沼郷
神戸郷
宍道郷
八野郷
塩冶郷
高岸郷
出雲郷
健部郷
園乃長浜
神門水海
滑狭郷
日置郷
河内郷
屋代郷
屋裏郷
朝山郷
神原郷
神門郡
多伎郷
余戸里
三屋郷
佐世郷
斐伊郷
吉栗山
来次郷
熊谷郷
飯石郷
須佐郷
飯石郡
斐伊川
多禰郷
三沢郷
波多郷
石見国
来島郷
備後国

出雲国風土記　地図

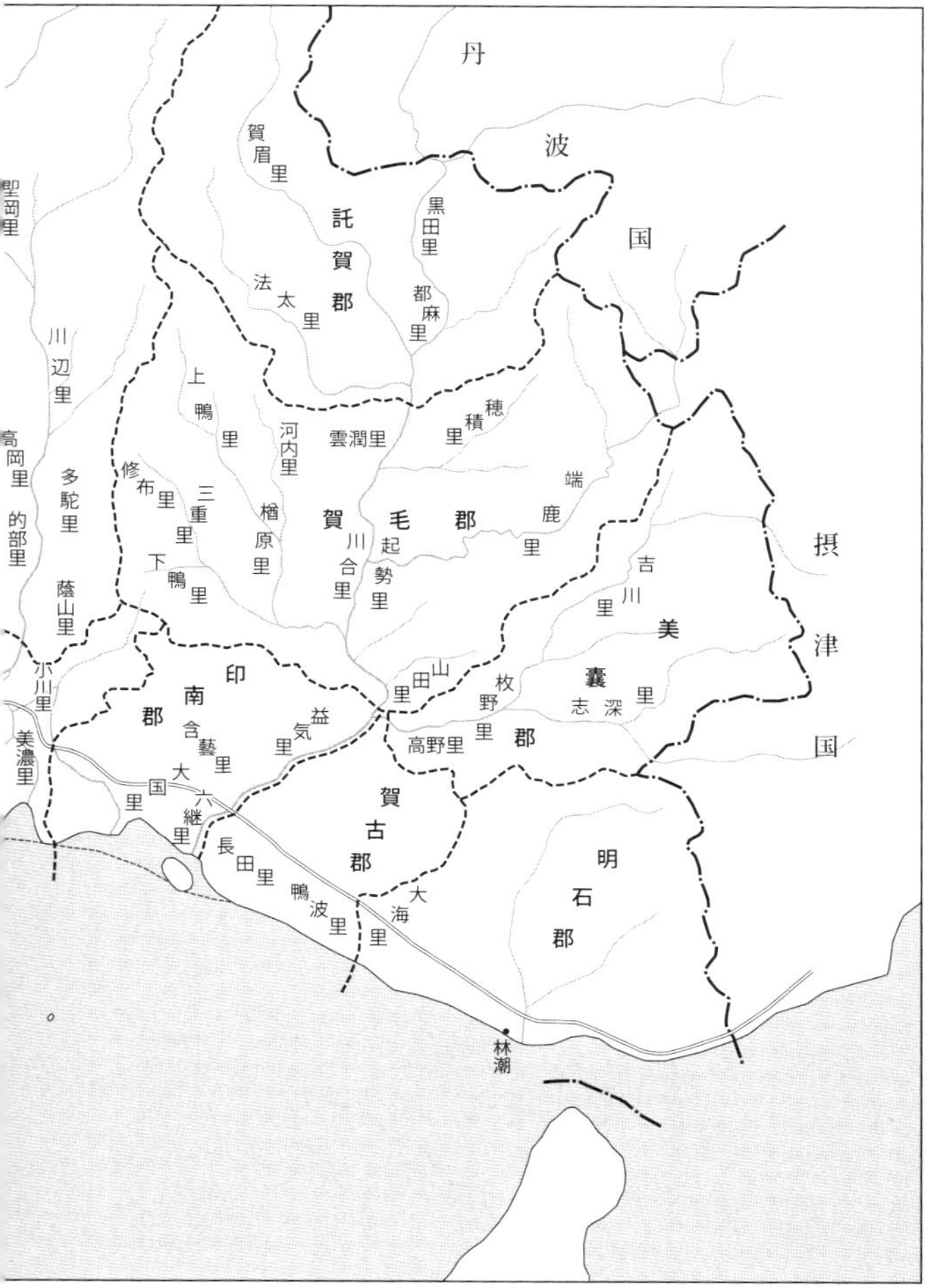

丹波国
摂津国
託賀郡
賀毛郡
印南郡
美嚢郡
賀古郡
明石郡
賀眉里
黒田里
法太里
都麻里
聖岡里
川辺里
上鴨里
河内里
雲潤里
穂積里
高岡里
多駝里
修布里
三重里
楢原里
端鹿里
的部里
川合里
起勢里
下鴨里
蔭山里
吉川里
小川里
山田里
枚野里
志深里
益気里
含藝里
美濃里
高野里
大国里
六継里
長田里
鴨波里
大海里
林潮

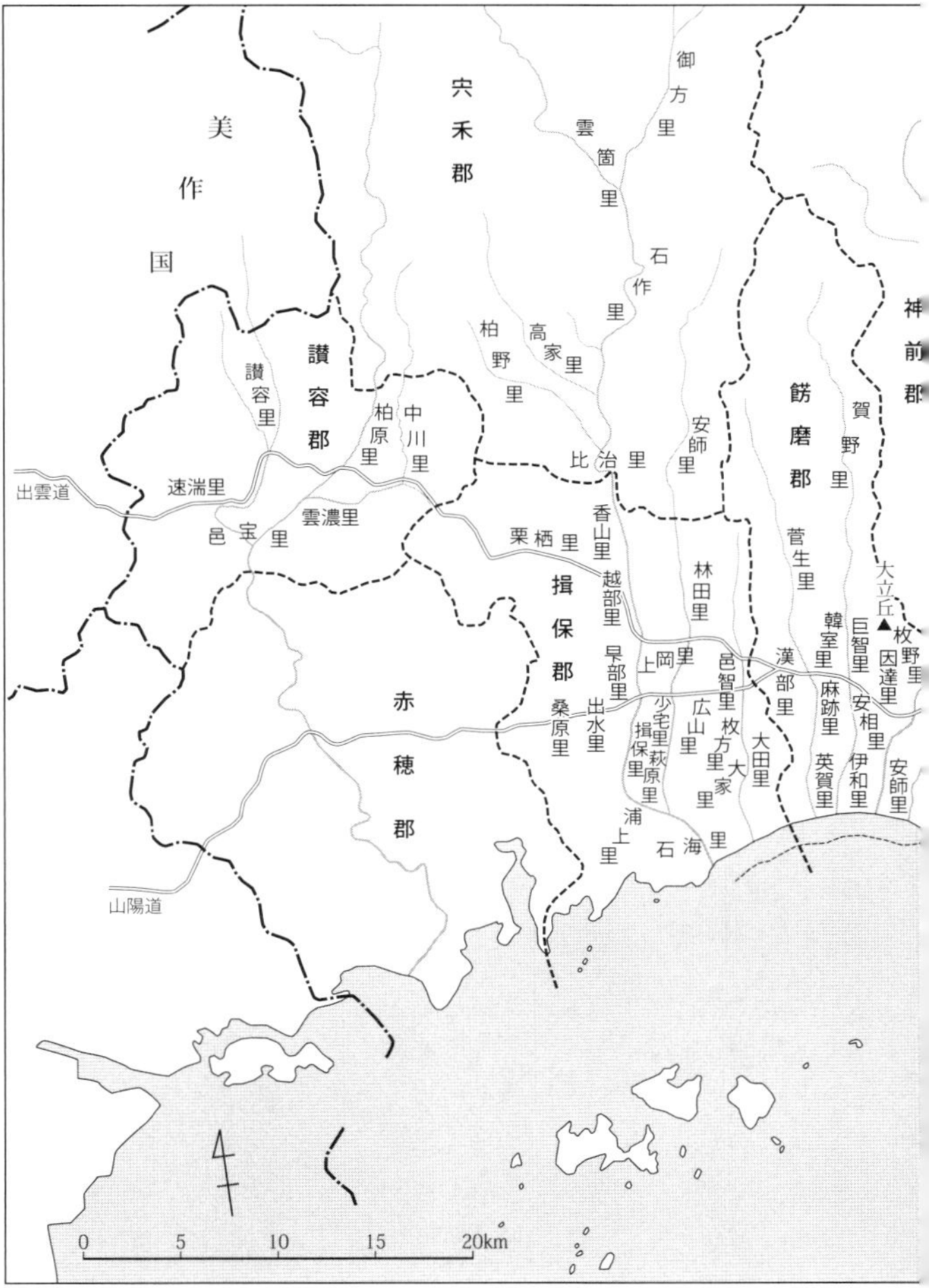
美作国
宍禾郡
御方里
雲箇里
石作里
柏野里
高家里
讃容郡
讃容里
柏原里
中川里
比治里
安師里
餝磨郡
賀野里
神前郡
出雲道
速湍里
雲濃里
邑宝里
栗栖里
香山里
揖保郡
越部里
林田里
菅生里
大立丘
枚野里
韓室里
巨智里
因達里
上岡里
邑智里
漢部里
麻跡里
安相里
皐部里
少宅里
広山里
枚方里
大田里
英賀里
伊和里
安師里
桑原里
出水里
揖保里
萩原里
大家里
浦上里
石海里
赤穂郡
山陽道
0
5
10
15
20km

播磨国風土記　地図

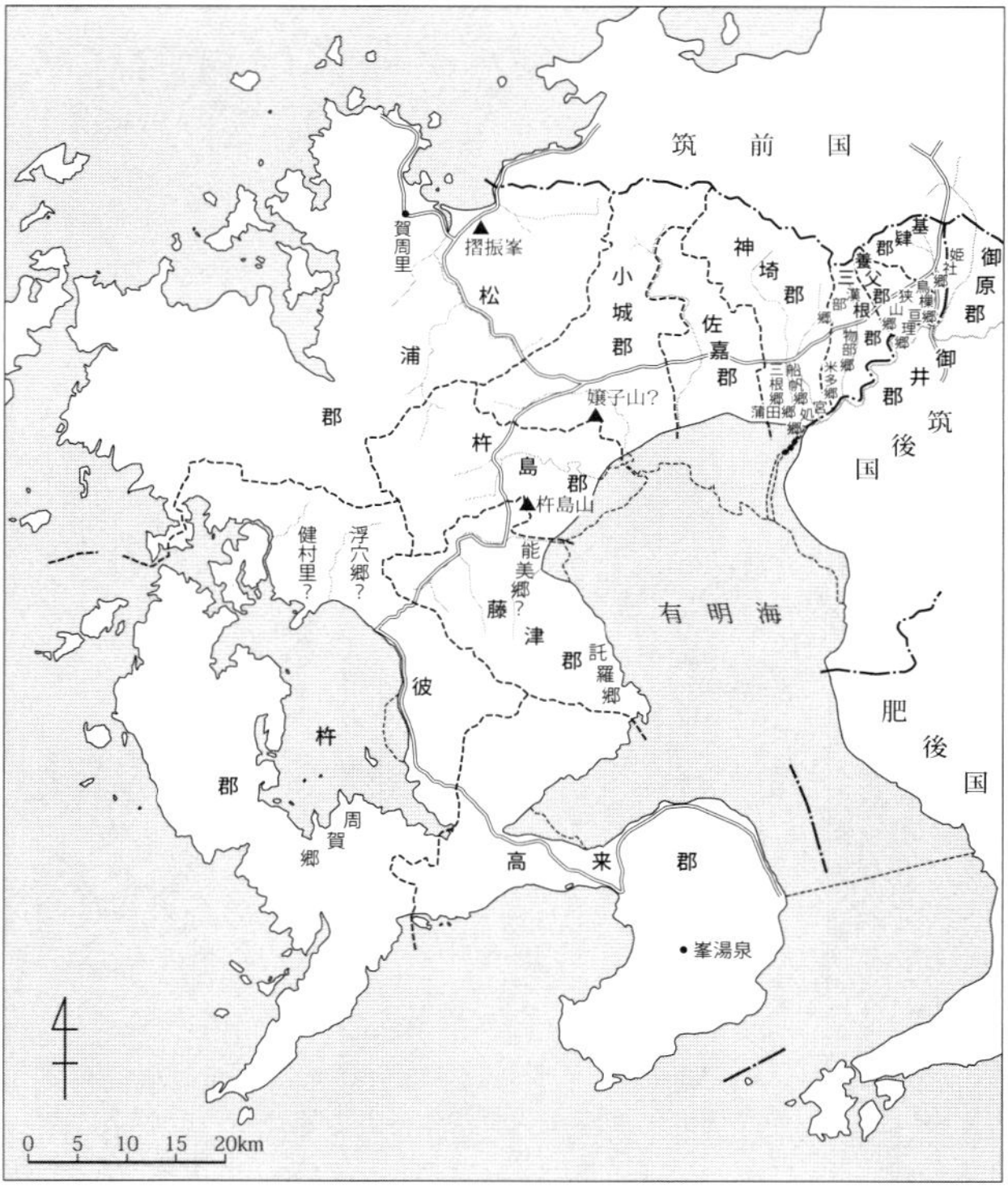

筑前国
基肄郡
養父郡
三根郡
神埼郡
佐嘉郡
小城郡
松浦郡
杵島郡
藤津郡
彼杵郡
高来郡
御原郡
御井郡
筑後国
肥後国
有明海
賀周里
摺振峯
嬢子山?
杵島山
健村里?
浮穴郷?
能美郷?
託羅郷
周賀郷
峯湯泉
姫社郷
鳥樔郷
狭山郷
日理郷
漢部郷
物部郷
米多郷
三根郷
船帆郷
蒲田郷
宮処郷
0 5 10 15 20km

肥前国風土記　地図

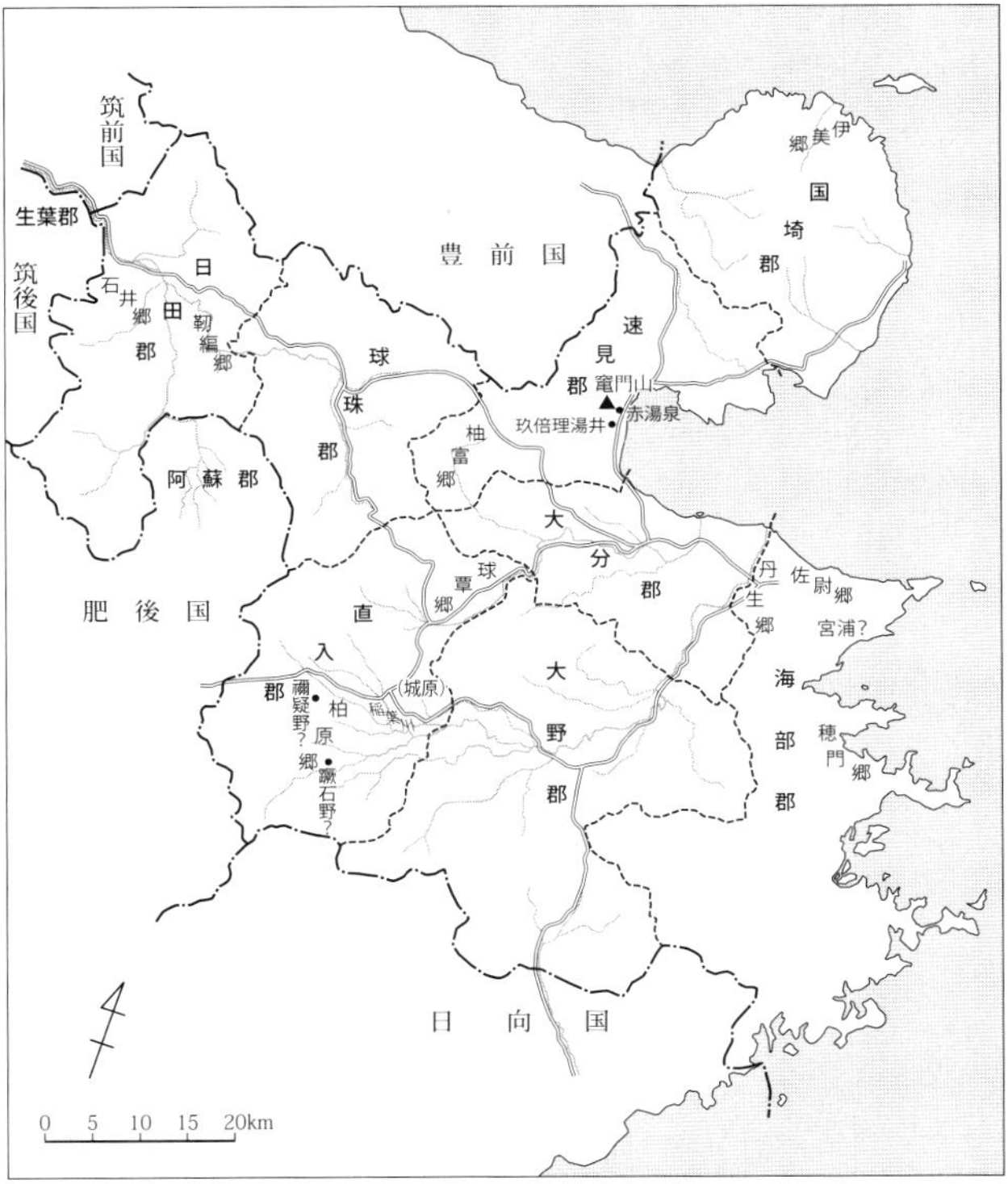
筑前国
生葉郡
筑後国
日田郡
石井郷
靭編郷
球珠郡
阿蘇郡
肥後国
豊前国
速見郡
竈門山
赤湯泉
玖倍理湯井
国埼郡
伊美郷
柚富郷
大分郡
球覃郷
直入郡
(城原)
禰疑野?
柏原郷
蹶石野?
稲葉川
大野郡
丹生郷
佐尉郷
宮浦?
海部郡
穂門郷
日向国
0 5 10 15 20km

豊後国風土記　地図

【著者】
瀧音能之（たきおと よしゆき）
1953年北海道生まれ。早稲田大学文学部卒業。現在、駒澤大学教授。早稲田大学、淑徳大学でも講師をつとめる。研究テーマは、日本古代史。特に『風土記』を基本史料とした地域史の調査を進めている。主な著書に『神々と古代史の謎を解く 古事記と日本書紀』『古事記と日本書紀でたどる日本神話の謎』『図説 古代史の舞台裏』『古代日本の実像をひもとく出雲の謎大全』（以上、青春出版社）、『図説 古代出雲と風土記世界』（編、河出書房新社）、『出雲 古事記のふるさとを旅する』（監修、平凡社太陽の地図帖）など。

平凡社新書883

風土記から見る日本列島の古代史

発行日――2018年6月15日 初版第1刷

著者――瀧音能之

発行者――下中美都

発行所――株式会社平凡社
東京都千代田区神田神保町3-29 〒101-0051
電話 東京（03）3230-6580［編集］
東京（03）3230-6573［営業］
振替 00180-0-29639

印刷・製本―株式会社東京印書館

装幀――菊地信義

ISBN978-4-582-85883-9
NDC分類番号291 新書判（17.2cm） 総ページ232
平凡社ホームページ http://www.heibonsha.co.jp/